「原爆裁判」を現代に活かす

核兵器も戦争もない世界を創るために

◆

大久保 賢一
Kenichi Ohkubo

日本評論社

まえがき

　今年、2024年も、様々なことを考えさせられる年でした。特に袴田巖さんの再審無罪が確定したことと日本被団協がノーベル平和賞を受賞したことは大きな喜びでした。けれども袴田さんの再審無罪は「法」の恐ろしさを痛感させるものでもありました。法は「弱者の味方」という側面だけではなく、無辜の個人を死刑にする力を持つ「暴力装置」でもあるのです。また、日本被団協の受賞は、まだ世界には核兵器が存在し、その使用の危険性が迫っていることを再確認させるものでもありました。国際法は核兵器を制御できていないのです。私は「力の支配」ではなく「法の支配」を支持する一人ですが、法の効用と限界を理解しておかなければならないと思っています。

　そして、この「法とは何か」は、2024年4月から9月末まで放映されていたNHKの朝ドラ「虎に翼」のテーマの一つでした。私は、この「虎に翼」を感動しながら視ていました。それは、主人公の猪爪（佐田）寅子と彼女を取り巻く多くの人の息遣いが聞こえてくるような、まるで同時代に生きているような、そんな気持ちにさせてくれるドラマだったからでした。とりわけ、「原爆裁判」を描くシーンは、原爆という「残虐な兵器」が被爆者に何をもたらしたのか、それを法や裁判がどのように向き合うべきなのかを正面から問いかけるものでした。

　私が、三淵嘉子さんをモデルにした朝ドラが制作されると聞いたのはNHKの解説委員の清永聡さんからでした。清永さんは司法の状況に詳しい人で、家庭裁判所をテーマに、日弁連（日本弁護士連合会）の人権大会で講演をしています。その清永さんは『三淵嘉子と家庭裁判所』（日本評論社、2023年）という本を構想しており、その一環として、三淵さんが「原爆裁判」にかかわっているので、その裁判資料を保管して

いる日本反核法律家協会の会長である私を取材したのです。「原爆裁判」を出来るだけ多くの人に知ってもらいたいと考えている私は喜んで取材に応じました。

　当初は、「虎に翼」で原爆裁判が取り上げられるかどうか、どのように取り上げられるかは「白紙」だったようです。私が「虎に翼」に感動しているのは、寅子の生き方もさることながら、憲法の基本的人権の一つである「平等原則」（憲法14条）をベースに置いていることでした。「すべて国民は、法の下に平等であって、人種、信条、性別、社会的身分または門地により、政治的、経済的又は社会的関係において差別されない。」という条文は、まさに、このドラマを貫く太い棒のようなものでした。

　私は、そのようなドラマで「原爆裁判」が描かれないことなどはありえないと思っていましたが、現実に描かれた場面を視て、本当に感動を覚えました。私は、「原爆裁判」の資料を読んでいますし、それなりの知識は持っていますから、史実とドラマの違いは理解しています。もちろん、ドラマは史実どおりではありません。けれども、ドラマだからこそ、記録や本を読むのとは違う、感動を覚える描き方ができるのだと改めて思いました。

　轟太一くんや山田よねさんは実在の人物ではありません。けれども、彼らが「原爆裁判」をよみがえらせてくれたのです。判決そのものが持っている説得力ももちろんありますが、彼らの裁判に取り組む姿勢が多くの人に感動を与えたのではないでしょうか。資料提供をした私としても本当に感謝しています。妹が「いいドラマに関われて兄ちゃんもよかったね!!　誇りを守ってよねさんと轟くんの後継者でいてください!!」とラインをくれました。私もそうしたいと思っています。

　史実では「原爆裁判」を構想しそれを実践したのは岡本尚一弁護士と松井康浩弁護士（ドラマでは岩居弁護士）でした。私は岡本さんとは面

識はありませんが、松井さんとの交流はありました。松井さんは、被爆者支援と核兵器廃絶をめざす日本法律家協会（日本反核法律家協会）の創立者であり、私も創立の時からのメンバーだったからです。けれども、松井さんは、私の母と同じ歳ですから二十数年先輩です。また、すでに大家となっておられましたから、気安く話をできるという感じではありませんでした。加えて、「原爆裁判」は既に「歴史上の出来ごと」でした。関心を持つようになったのは、2013年に「原爆裁判」判決50年のイベントを企画した時からでした。いま思えば、もっと早く関心を持ち、先生にあれこれ聞いておけばよかったと悔やんでいます。

　今般、その反省も含めて、「原爆裁判」を振り返り、それはどのような意義があったのか、今後、どのように活かせばいいのかなどをこの本にまとめてみました。それはまた、核兵器も戦争もない世界を創るための営みだとも思っています。

　「原爆裁判」は被爆者救援と合わせて核兵器禁止も一つの目標としていました。また、判決には「戦争を全く廃止するか少なくも最小限に制限し、それによる惨禍を最小限にとどめることは、人類共通の希望」という言葉もあります。そういう意味では「原爆裁判」は現在も未解決のテーマを取り扱っていたのです。本書はそんな思いで書かれていますので、ぜひ、最後まで読み進めてください。

　本書の構成は、「『原爆裁判』を現代に活かす‼——核兵器も戦争もない世界を創るために」を本論として、補論として、①「日本政府の核兵器観の転換を！」②「アンジー・ゼルターという女性」③「米国の広島・長崎への核兵器投下の法的責任を問う『原爆国際民衆法廷』の準備のための『第2次国際討論会』に参加して」④「韓国人被爆者の立場から見る広島・長崎への原爆投下の歴史的意味」⑤「平和、武力反対、自主、気候重視——台湾の学者たちの反戦声明」⑥「インドネシアの1週

間──「慰安婦」とASEAN本部を訪ねて」の６つの小論を収録しています。本論の理解を深めてもらうためです。

　また、これらの集大成として「公開書簡　核兵器廃絶と９条擁護・世界化を!!──被爆80年・敗戦80年に向けての提案」も収録しています。この「公開書簡」は、私が帰属する諸団体に、2024年７月に発送したものですが、この本ではすべての皆さんをあて先としています。この本の結論ですから、これだけを読んでも、私の主張は伝わるだろうと思っています。

　最後に資料をつけてあります。①「新憲法の解説」第二章（内閣、1946年）②貴族院における幣原喜重郎の答弁③原爆投下と日本国憲法９条④核兵器禁止条約第２回締約国会合宣言⑤核兵器使用の危険性の事例などです。本書を理解するうえで、基礎的な知識を整理したものです。ぜひ、活用してください。

　世界では核兵器使用の威嚇を含む武力の行使が続いています。イスラエルのヒズボラに対する武力行使も激しくなっています。国内では、米国による世界の対立と分断路線をそのまま受け入れて、「日本版先軍思想」に基づく「現代版国家総動員体制」が確立されようとしています。石破茂氏も歴代自民党政権の「対米従属」、「軍事力依存」の路線は引き継いでいます。「昔天皇。今アメリカ」に変化はないでしょう。

　日米同盟路線に抵抗する政治勢力は決して多くありません。このままでは米国の利害と都合の範囲内での政治が続くことになるでしょう。それは、「核の時代」が続くことを意味しています。「核の地雷原」での生活の継続です。「原爆裁判」が提起した宿題がそのまま残るのです。私たちはその宿題をやり遂げなければならないのです。この本が少しでもそのことに役立つことを祈っています。

2024年11月

◆目次

「原爆裁判」を現代に活かす!!
──核兵器も戦争もない世界を創るために

はじめに　3

　「原爆裁判」の記録／「原爆裁判」50年シンポ／大きな変化と変わらないこと

I　「原爆裁判」とは !? ……………………………………………… 7

1　裁判の当事者　7

　原爆裁判の原告たち／当時の状況／岡本尚一弁護士／「原爆民訴或問」／核兵器使用禁止は「公理」／松井康浩弁護士／岡本弁護士が最初に考えたこと

2　裁判を提起　15

　日本の裁判所への提訴とその論理／検討すべき論点／「国王は悪をなさず」／私有財産の正当な補償（憲法29条3項）／前代未聞の裁判／訴状に書かれていたこと

3　被告国の対応　21

　被告の答弁の骨子／木で鼻をくくった答弁／被告国の返答　手のひら返し／一貫している政府の姿勢／原爆は人命殺傷を防止した／核兵器の使用や保有も違憲ではない

4　裁判所の判断　26

　判決主文は「原告らの請求を棄却する」です。／　原子爆弾の投下とその効果について／国際法による評価

5　鑑定人の意見　31

　高野鑑定人の意見／田畑鑑定人の意見／安井鑑定人の意見／三人の結論

v

6 被害者の損害賠償請求権　35

国内法の評価／国際法上の請求権／日本の国内法上の請求権／米国の国内法上の請求権

7 対日平和条約よる請求権の放棄について　37

請求権の放棄による被告の責任／判決の国家補償の指摘／判決の「人類共通の希望」の意味すること／判決についての受け止め／松井康浩弁護士の述懐

8 判決の背後に何があったのか　42

原爆投下は正当視できない／当時の裁判所の状況／司法の反動化

II 被爆者援護制度の変化 ……………………………………………46

1 判決についての日本被団協の評価　46

2 政府の政策の変遷　47

「原子爆弾被爆者に対する援護に関する法律」（被爆者援護法）／日本被団協の批判／政府の姑息な態度／①外国人被の場合　孫振斗裁判／郭貴勲裁判　②「原爆症認定／訴訟」　③「黒い雨裁判」　④ビキニ被ばく訴訟／私たちに求められる態度

III 「核兵器なき世界」への影響 ……………………………………56

1 「原爆裁判」の国際的受け止め　56

2 国際司法裁判所の勧告的意見　57

自衛の極端な場合／「トライデント・プラウシェア2000」の活動

3 核兵器禁止条約による「核抑止論」の克服　61

核兵器使用の危険性／「核兵器こんな男が持つボタン」／「壊滅的人道上の結末」／国際法違反の確認

4 核兵器禁止条約締約国会議の到達点　64

「政治宣言」の状況認識／核兵器が存在し続けることの意味／核兵器使用の威嚇について／　核抑止論の役割

5 私たちの課題　67

Ⅳ　憲法9条の背景にある事情 ···································· 68

1　日本国憲法公布時の政府見解　69

2　「制憲議会」での論争　71

3　幣原喜重郎の平和論　72

　幣原の答弁／前提となる事実／幣原の平和主義／軍隊のない丸裸のところ
へ敵が攻めてきたらどうする／幣原の原爆観／戦争を抑制するか／元帥は
簡単に承知されたのですか／9条の命運／核兵器の出現と丸裸の国家／「原
爆裁判」判決を乗り越えて

Ⅴ　非核と戦争廃絶を求める動き ······························· 83

1　ラッセル・アインシュタイン宣言　84

2　「地球平和憲章——日本発モデル案」　85

Ⅵ　日本国憲法9条の源流 ···································· 87

　戦争非合法化運動（Outlawry of War）／「戦争非合法化論」／戦争は最も
合法的な「犯罪」であった／戦争という制度を廃止できないということが
あろうか？／戦争という治療法は常に病弊よりも大きな害悪をもたらす／
世界法廷を設立しなければならない／その裁判所の決定をどのように強制
するのか／日本国憲法9条への影響／マッカーサーの述懐／戦争非合法化
運動の特徴／戦争非合法化運動の「陰」／非合法化運動を現代に生かす

Ⅶ　何をなすべきか ··· 96

　現実政治を知ること／考えの違う人とも共同すること／アジアの人との連
帯

まとめ　98

補　論

1　日本政府の核兵器容認姿勢の転換を！
　　——憲法9条は「核の時代」の申し子　103
2　アンジー・ゼルダーという女性
　　——トライデント搭載潜水艦関連施設を「非武器化」した人たち　108
3　米国の広島・長崎への核兵器投下の法的責任を問う　「原爆国際民
　　衆法廷」の準備のための「第2次国際討論会」に参加して　116
4　韓国人被爆者の立場から見る広島・長崎への原爆投下の歴史的意味
　　——日本の反核法律家からのコメント　122
5　平和、武力反対、自主、気候重視
　　——台湾の学者たちの反戦声明　136
6　インドネシアの1週間　144
　　——「慰安婦」とASEAN本部を訪ねて

資　料

（公開書簡）核兵器廃絶と9条擁護・世界化を!!
　　　　　　——被爆80年・敗戦80年に向けての提案　153
1　「新憲法の解説」第二章（内閣、1946年）　167
2　貴族院における幣原喜重郎の答弁　169
3　原爆投下と日本国憲法9条　176

4　核兵器禁止条約第 2 回締約国会合宣言
　　──核兵器の禁止を支持し、核兵器の破滅的な結末を回避する我ら
　　のコミットメント　186
5　核兵器使用の危険性の事例　195

本書に寄せて　村山志穂　203

あとがきに代えて　207

「原爆裁判」を現代に活かす!!
—— 核兵器も戦争もない世界を創るために

はじめに

　NHK の朝ドラ「虎に翼」の主人公猪爪寅子のモデルとされる三淵嘉子さんが裁判官として関わっていたことで、「原爆裁判」が61年の時を超えて、多くの人々の関心を集めました。「原爆裁判」が脚光を浴び「原爆裁判」を知ってもらう絶好の機会となったのです。「原爆裁判」のことを多くの人に知ってもらいたいと考えていた私にとっては本当うれしいことです。このような効果をもたらしてくれた「虎に翼」に大変感謝しています。

　「原爆裁判」とは、1945年 8 月に広島と長崎に投下された原爆による被害を受けた人（被爆者）が、米国の原爆投下は違法だとして日本政府に賠償を求めた裁判です。それは、当時、何らの援護を受けていなかった被爆者がその救済と原爆投下の違法性を正面から問いかける裁判でした。東京地方裁判所は、原告の請求を棄却しましたが、「米国の原爆投下は国際法に違反する」としただけではなく、被爆者の支援に消極的な「政治の貧困」を指摘する判決を出したので、日本だけではなく、国際的にも「シモダ・ケース」（シモダというのは原告の一人下田隆一さんに由来しています）として注目を浴びたのです。

「原爆裁判」の記録

　その「原爆裁判」の原告代理人であった故松井康浩弁護士は核兵器廃絶と被爆者支援を目的とする日本反核法律家協会の創設者であり初代会長でした。ちなみに、私は、二代目榊原卓郎、三代目池田眞規、四代目佐々木猛也各弁護士の後を受けた五代目の会長です。

　松井さんは、2008年に亡くなりましたが、ご遺族が松井さんの手元にあった裁判記録を私たち協会に寄贈してくれたのです。

　裁判記録は、訴状・答弁書・準備書面・証拠申請書・鑑定書・判決書

などの原本、裁判所が作成した準備手続期日や口頭弁論期日の調書の写し、関係者からの私信、新聞のスクラップなどです。60年以上70年近い時間が経過していますから、相当傷みが出ていますが、どこにもない貴重なものなので、丁寧に保管したいと思っています。そして、現在は、私の事務所で保管していますが、いずれは、広島・長崎の原爆による被爆者たちの体験とその後の歩みを歴史に刻み次の世代に継承することを目的するNPO法人「ノーモア・ヒバクシャ記憶遺産を継承する会」に引き継いでもらおうと考えています。

なお、これらの記録は、アーカイブ化して日本反核法律家協会のHPに掲載しています。ぜひ、アクセスしてみてください。手書きのものや文字が薄くなったものもあるので少し読みにくいかもしれませんが、当時の息吹に触れることができるでしょう。

「原爆裁判」50年シンポ

ところで、2013年、私たち日本反核法律家協会は「原爆裁判」判決50年を記念してシンポジュウムを開催しました。多くの人に「原爆裁判」を知ってもらい、その現代的意義を確認するためでした。

当時、私は、主催者挨拶（要旨）で次のようなことを述べていました。少し長い引用になりますが、10年前と現在とを比較するためなのでご容赦ください。

今から50年前、東京地裁は米国の広島・長崎への原爆投下は、「無差別爆撃」であり「不必要な苦痛を与える戦闘行為」であって国際法に違反するとしました。今日の企画は、この判決の現代的意義をさまざまな角度から検証し、核兵器廃絶運動に少しでも寄与したいとしたものです。原爆裁判決から50年が経過していますが、核兵器は廃絶されていません。核兵器の使用や威嚇などを違法とし核兵器の廃絶を取り決める国際

条約はありません。むしろ、核兵器を国家安全保障のために必要であるとする国家が存在するだけではなく、核兵器を保有しようとする国も後を絶っていません。

　一方、国際社会において、核兵器の非人道性に着目する潮流が大きな流れになっています。核兵器の使用は、単に非人道的というだけではなく、国際人道法に違反するという立場からすればもう一歩踏み込みが欲しいところですが、法規範の根底には、人道と正義があることを想起すれば、非人道性に着目する主張は、積極的な意義を持つと言えるでしょう。

　私たちは、広島と長崎への原爆投下について、すでに、法的判断を持ち合わせています。それが、「原爆裁判」（下田事件）判決です。判決は原爆投下を非人道的とするだけではなく国際法違反だと明言しているのです。日本政府は、核兵器の非人道性を認めながら、核兵器の抑止力に頼ろうとしています。仮に、軍事的に有効であるとしても、「無差別攻撃」や「残虐な兵器の使用」を禁止するのが国際人道法（戦争法）の存在理由であるにもかかわらずです。私たちは、この政府の姿勢を改めさせる必要があるのです。

大きな変化と変わらないこと

　この間の最も大きな変化は「核兵器の使用や威嚇などを違法とし核兵器の廃絶を取り決める国際条約」である「核兵器禁止条約」が2021年に発効していることです。世界の反核平和勢力は、核兵器保有国や依存国の執念深い抵抗にあっていますが、決してやられっ放しではないのです。世界は「核兵器のない世界」に向けて着実に進んでいるのです。

　他方、不変なのは核兵器国や日本政府の「安全保障のために核兵器は必要」という姿勢です。この姿勢の転換なくして「核兵器のない世界」は実現しません。けれども、その実現しない原因は「核兵器に依存して

の国家安全保障政策（核抑止論）」にあることが明確になっているのですから、それとの対抗策を探求し、それを実践すれば「核兵器のない世界」の実現は可能となるのです。

　私は、その対抗策を探求するために、再度、「原爆裁判」に立ち戻ってみたいと考えています。「原爆裁判」は核兵器という究極の暴力に法という知恵が挑戦した史上最初のケースですから、新たな発見があると思うからです。

　そこで、本稿では「原爆裁判」とは誰が誰に対して起こした何を争う裁判なのか。被告国はどのような主張をしたのか。裁判所はどんな判決を出したのか。それは何に、どのような影響を与えたのか。その影響は現在どのように生きているのかなどについての情報を提供することとします。

　それは、現在、被爆者を含む戦争被害者に対する補償や援護はどうなっているのか、「核兵器のない世界」実現の課題はどこまで到達しているのか、更には、非軍事平和主義に基づく憲法9条と核廃絶の関連などについて、現実の政治状況に目配りしながら考えていくことを意味しています。

　これらのことは、被爆80年・敗戦80年となる2025年に、日本国憲法と「原爆裁判」を踏まえて、私たちが何をなすべきかを考えることでもあります。

　それはまた「核兵器も戦争もない世界を創るための作業」と言ってもいいでしょう。そんな思いで話を進めるので、しばらくお付き合いください。

　最初に、「原爆裁判」とはどういう裁判だったのかについてです。

6　「原爆裁判」を現代に活かす!!

I 「原爆裁判」とは !?

　「原爆裁判」とは、1955年、被爆者5名が、米国の広島・長崎への原爆投下は国際法に違反するので、その受けた損害の賠償を日本政府に請求した裁判です。1963年、東京地裁は請求を棄却しましたが、その理由中で、米国の原爆投下を違法とし、あわせて被爆者に対する支援を果たそうとしない「政治の貧困」を指摘したことによって、国内外に大きな影響を与えました。個別事件の判決理由中の判断が世間に影響を及ぼすことは極めてまれなことです。

　この裁判の直接の目的は原告の救済でした。当時、被爆者に対する固有の援助などなかったので、原告らは国の援助を求めたのです。あわせて、「被爆者全体の援助」と「核兵器使用を阻止する」という政策を実現したいという大義もあったのです。被爆者援護運動と核兵器廃絶運動の「事始め」であり、「政策形成訴訟」（個別の救済にとどまらず国に政策転換を求める裁判）の先駆けと言えるでしょう。

　被告国は徹底的に争い、裁判所は丁寧に審理を進めました。

　それを順次見ていきましょう。

1 裁判の当事者

原爆裁判の原告たち

　原爆裁判の原告は次の5人でした。

　下田隆一さん。広島での被爆時47歳。長女16歳、三男12歳、二女10歳、三女7歳、四女4歳が爆死。自身と妻、四男2歳が爆風、熱線および放射線で傷害を負う。本人は9か月間動けず。ケロイドは春暖の時期に化膿。腎臓・肝臓に障害があって就業不能。医者は生き永らえたのは奇跡だと言っていた。妻は全身倦怠感、脱力感、頭痛に悩む。四男は原爆症

の症状が時々現れる。

多田マキさん。広島で広島電鉄の社員であった夫とともに健康で幸福な生活を送っていたが被爆。顔、肩、胸、足にむごたらしいケロイド。疼痛のため日雇労働も続かず。夫は容貌の醜さを厭って家出。医者は治療を拒否し、近所の子供たちは怖がり、風呂屋からは入浴を断られた。

浜部寿次さん（投下時54歳）。東京に単身赴任中、長崎で家族が被爆。妻48歳、二女22歳、三女19歳、四女16歳、五女14歳の家族全員が爆死。原告のみが残るという人生最悪の悲惨な結果を見るに至った。

岩渕文治さん（投下時60歳）。広島で夫婦と養女家族と平穏な生活を送っていたが、原爆投下で、妻67歳、養女24歳、その夫26歳、その長男1歳が爆死。自分は出張中で爆死を免れたが、孤影悄然はかない老後を送っている。

川島登智子さん。父母と兄弟姉妹とで健康な生活を送っていたが、14歳の時広島で被爆。家屋倒壊によって顔面、左腕などを負傷。両親もそれぞれ別の場所で被爆して、翌年相次いで死亡。両親を亡くした幼い遺族は売り食いする物もなくなり、生活に窮し親族の世話になるが姉妹は分かれ分かれになる。

原告たちは、ある日、突然、抗えない力によってその日常を根底から奪われたのです。その状況をわが身に置き換えれば、その悲惨さは容易に想像できるのではないでしょうか。もちろん、他の被爆者も「容認できない苦痛と被害」（核兵器禁止条約の表現）にあっていたことを忘れてはなりません。

松井康浩弁護士によると、岡本尚一弁護士が「原告になってもらう被爆者を探した。」ということです。原告がいなければ裁判は提起できないからです。当時の状況を考えれば、岡本さんは苦労されたことでしょう。被爆後10年を経過していない時期に、被爆者がすすんで裁判の原告

8　「原爆裁判」を現代に活かす!!

となることなど、思いもよらないことでしょうから、原告本人も岡本弁護士も並々ならない決意であったことは想像に難くありません。本当に勇気ある決断だったと思います。

当時の状況

　当時の状況を振り返っておきます。岡本弁護士が「原爆裁判」を広島や長崎の弁護士に呼びかけるのは1953年です。当時、日本原水爆被害者団体協議会（日本被団協）は存在しませんでした。その創立は1956年です。1954年のビキニ水爆実験後の原水爆禁止運動の高まりの中での結成でした。原水爆禁止日本協議会（原水協）の発足は1955年です。岡本さんが「原爆裁判」を構想していた頃、現在のような原水爆禁止運動は存在していなかったのです。

　岡本弁護士は「原爆被害者の会」（1952年に結成、会員100人余）に原告となってくれる被爆者を探してもらいたいと申し入れたようですが、「原爆被害者の会」が原告になる人を紹介したということはなかったようです。

　当時の被爆者運動は、「広島・長崎を中心、被爆者のあいだに組織化の努力が始まるのは、1950年初頭である。まだ、小さい試みだが、50年代半ばに大河となる流れの源である。」ということでした（『日本被団協50年史──再び被爆者をつくるな』あけび書房、2009年）。「原爆被害者の会」は「小さな試み」であって、岡本弁護士の要請に応える力はまだなかったのかもしれません。岡本さんにとっても被爆者運動にとっても「時が熟していなかった」のでしょう。そういう意味では「原爆裁判」は岡本弁護士が主導した「時代への挑戦」だったのです。

岡本尚一弁護士

　岡本尚一弁護士は、1892（明治25）年に生まれ、提訴3年後の1958

（昭和33）年に没しています。岡本さんは、訴えを提起したけれど、その結果を見ることなく他界しているのです。何とも無念であったろうと思います。岡本さんが、なぜ、この裁判を考えたのか。その理由を彼の短歌（歌集『人類』所収）に探ってみましょう。

- ・東京裁判の法廷にして想いなりし原爆民訴今練りに練る
- ・夜半に起きて被害者からの文読めば涙流れて声立てにけり
- ・朝に夕にも凝るわが想い人類はいまし生命滅ぶか

　これらの短歌からは、岡本さんの「東京裁判」（連合国による日本の戦犯を裁く裁判）に対する怒り、被爆者への同情、人類社会の未来についての懸念などが痛いほど伝わってきます。

　第一首は、「東京裁判」で武藤章陸軍中将（A級戦犯として処刑）の弁護を担当した岡本さんが「東京裁判」では戦勝国の戦争犯罪など全く問題にされなかったことに怒りを覚えている心境が詠まれています。岡本さんは「戦勝国側の極めて重大な国際法違反が勝てるがゆえに何らその責任を問われない不公正」を指摘し、「講和条約が発効した暁には、戦勝国の指導者から原爆投下についての悔恨の情が披瀝されるであろうと期待していたけれど、それが裏切られた。」としていました。岡本さんはA級戦犯だけではなく、BC級戦犯の弁護もしています。講和条約の発効は1952年です。

　岡本弁護士は、それらの経験のなかで、戦勝国が国際法を無視してしまう不公正に対する怒りを覚え、そして、戦争という巨大な暴力の前で法が無力となってしまうことを何とか避けたいと考えたのではないでしょうか。「力による支配」ではなく「法による支配」を希求することは誠実な法律家であれば自然な姿勢だと思うのです。

　第二首は、被爆者からの手紙を読んでいると、その悲惨さに慟哭する

ということでしょう。訴状では「原爆の投下は人類に対する鏖殺行為」
と表現されています。鏖殺とは「押し込めて皆殺しにする」という意味
です。「平和的人民に対する残酷極まる鏖殺傷害を発生させた」という
表現も使われています。

　私も被爆者の証言や原爆文学あるいは『はだしのゲン』などに接する
とき、岡本さんの心境を理解できるように思います。「被爆の実相」を
知れば知るほど、怒りが湧き、何とかしなければと思う岡本さんの気持
ちには強く共感します。怒りは人を行動に駆り立てるエネルギー源とな
るものです。私も被爆者の方たちの証言に接したり、様々な形で「被爆
の実相」に触れるとき、その被害をもたらした者たちに対する怒りを覚
えます。そして、私に何かできることはないかと思うのです。

　第三首は、核兵器がこのまま増大し、核戦争になれば人類が滅びてし
まうということに対する危機感が詠まれています。1954年にはビキニ環
礁で米国の水爆実験が行われていました。水爆の威力は、広島や長崎に
投下された原爆の威力（TNT火薬換算で15キロトンあるいは20キロト
ン）の千倍以上もの威力があるのです。岡本さんは、人類は絶滅危惧種
になっているとの危機意識を持っていたのです。訴状では「原爆の加害
影響力は人類の滅亡さえも予測せしめる」と表現されています。この表
現は、核兵器不拡散条約（NPT）前文の「核戦争は全人類に惨害をもた
らす」という言葉や核兵器禁止条約前文の「核兵器のいかなる使用も、
壊滅的人道上の結末をもたらす」という表現と同様の意味をもつもので
す。

　このように、岡本さんの胸中には「東京裁判」に対する怒り、被爆者
への同情、人類社会の未来についての懸念などが渦巻いていたのです。
彼は原爆投下を「我が事」として受け止めていたのです。私はこの感性
と知性に共感します。

「原爆民訴或問」

1953年、岡本さんは「原爆裁判」は可能であるとの見解と提訴への協力を求める「原爆民訴或問」（或問とは問いを設定しそれに応えるという形式の文書）を広島と長崎の全弁護士に出しました。それは、岡本さんの「原爆裁判」提訴の決意表明でもあったのです。その文書には次のような文言がありました（松井康浩『戦争と国際法』三省堂新書、1996年）。

「この提訴は、今も悲惨な状態のままに置かれている被害者またはその遺族が損害賠償を受けるということだけではなく、この賠償責任が認められることよって原爆の使用が禁止されるべきである天地の公理を世界の人に印象づけるでありましょう。また、この訴訟の提訴進行自体によって判決に先立って世界の人類が原爆問題に対してその認識を種々の角度から新たに致すでありましょう。即ち、この損害賠償訴訟の可能を世界に示すこと自体が世界の平和に寄与することは疑いを入れないと存じます。」

この裁判の目的が「賠償責任の追及」と「原爆使用の禁止」だったことが確認できます。私は、原爆の使用禁止を「天地の公理」としていることを、特に重要だと受け止めています。私も、核兵器の使用禁止は「公理」だと思っているからです。

核兵器使用禁止は「公理」

「公理」だと思う理由の一つは、核兵器が使用されれば、何が起きるのかについて、広島・長崎の「被爆の実相」から知ることができるからです。例えば、原爆投下による広島市の死亡者数は、1945年12月末までに約14万±1万人とされていて、前年2月時点での人口と比較すればその死亡率は41.6±3％です。広島市は「この数値は、歴史上他に類を見

ない高い数値であり、原子爆弾の非人間性、特異性を示すもの」としています。本当にそのとおりだと思います。そして、その一人ひとりにかけがえのない日常があったことも忘れてはならないでしょう。原爆と人間は共存できないのです。

　もう一つは、岡本さんたちが「原爆裁判」を構想していたころはありませんでしたが、現在は、核兵器不拡散条約（NPT）が存在することです。この条約には米国などの核兵器保有国も加盟しています。NPTは先にも紹介したように「核兵器の使用は全人類に惨害をもたらす。」としています。190か国（国連加盟国は193か国）が加盟する条約が核兵器使用の危険性を確認しているのです。核兵器使用禁止は国際社会の「公理」なのです。

　岡本さんは、胸中に渦巻く怒りと同情と懸念を「原爆裁判」という形で意義のあるものにしようとしていたのです。松井弁護士はこの岡本さんの行動を「訴訟提起という弁護士らしいやり方での攻撃」と評価しています（松井康浩『原爆裁判』新日本出版社、1986年）。私もこの評価を「なるほど‼」と受け止めています。まさに「弁護士らしいやり方」だからです。

松井康浩弁護士

　松井康浩弁護士は、1922（大正11）年に生まれ2008（平成20）年に他界しています。原爆投下時、広島の学生だった弟さんは、家屋の下敷きになった母親を救出しようとしていた娘さんを助けようと棒で梁を押し上げようとしたがままならず、火が迫ってきて焦っていた。その母と娘は「もうよい。逃げてください。ありがとう」というので、意を決してその場を立ち去ったという体験をしています（松井康浩『被爆者援護と核兵器廃絶の理論と運動』めいけい出版、2000年）。そして、叔父さん

は背中一面を熱線で焼かれたそうですし、行方知れずとなった親戚もあるとのことです（前掲『戦争と国際法』）。

松井さんには原爆に対する大きな恨みがあったことでしょう。それが「原爆裁判」を担う原点だったのかもしれません。

松井さんが弁護士になるのは1952年です。直ぐに自由人権協会（1947年に設立された人権侵害救済のための訴訟支援事業などを実施する公益法人）に入会しますが、当時の協会の理事長は海野普吉弁護士でした。海野弁護士は「虎に翼」では塚地武雄さんが演じた雲野六郎さんのモデルです。

1953年、岡本尚一弁護士が海野弁護士を訪ね、被爆者を原告として原爆投下の国際法違反を明らかにし、損害賠償を求める訴訟を起こしたいので協力して欲しいと申し込みました。海野弁護士は松井さんを推薦し、弁護士3年目の松井さんはそれに応えたのです。

岡本さんが最初に考えていた裁判は米国での裁判でした。

岡本弁護士が最初に考えたこと

岡本弁護士は「神戸新聞」（1954年4月18日付）に「私は、米国法廷で堂々と戦い賠償を請求するとともに、差し止め命令を提起したい。私は、自然法、条理法という天馬に乗って必ず障害を乗り越えるつもりだ。水爆の実験については国際法上認められた公海上を実験場にしても無効である。世界の市民よ。起って、原爆、水爆の禁止を請求せよ。」との気迫のこもった談話を寄せています（椎名麻紗枝『原爆犯罪』大月書店、1985年）。

米国の裁判所に訴えることができれば、勝ち負けはともかくとして、構造的には単純です。そこで、先に紹介した海野弁護士たちの協力も得て、米国の人権派弁護士にこの裁判の提起を打診したのです。

ところが、米国の国際人権連盟会長ボールドウィン氏の回答は「法的根拠がない。日米の友好関係に悪影響を与えるので全面的に反対」というものでした。また、他の弁護士からは、弁護士費用最低2万5千ドルと言われたそうです。当時の為替レートは1ドル360円ですから900万円です。そんな費用をどこから捻出できるというのでしょうか。

　二人ともいわゆる人権派弁護士だったそうですが、そのような対応だったのです。米国の裁判所に提訴するためには米国の弁護士の協力は不可欠です。その道が絶たれたのです。松井さんは「岡本弁護士の落胆は大きかった。」と振り返っています。

　こうして、二人は原爆投下の違法性を裁く裁判を日本の裁判所に提起せざるを得なくなったのです。

2　裁判を提起

日本の裁判所への提訴とその論理

　そこで、二人は知恵を絞ります。米国の原爆投下は違法だ。その違法行為によって損害を被ったのだから被爆者は米国に対する損害賠償請求権がある。日本政府はその請求権を対日講和条約（対日平和条約）によって放棄してしまった。国民の財産権を放棄するのであれば憲法29条3項によってそれを補償しなければならない。その補償をしないことは違法であるから国家賠償請求権が発生するという論理です。

　何とも迂遠な論理です。日本の裁判所は米国政府を裁けません。また、日本の裁判では抽象的に違法性を争うことができないので、原告の具体的請求権の行使という形態をとらなくてはならないのです。だから、こういうことになってしまうのです。

　けれども、このことは「原爆裁判」を知るうえで大事なことなので、我慢して読み続けてください。

検討すべき論点

検討すべき論点はいくつかありますが、松井さんは次の3点を挙げています（前掲『戦争と国際法』）。

第1に、原爆投下は国際法に違反するかです。戦争の手段や方法は無制限ではないという国際法はあるけれど、原爆使用を明確に禁止する法規はないのだから、原爆投下を違法といえないのではないかという論点です。違法でないとなれば、原告の主張の土台が崩れることになる論点です。

第2に、原爆が国際法違反であるとしても、米国や投下命令を発したトルーマン米国大統領（当時）らに被爆者に対して損害賠償する義務があるかどうかです。逆に言えば、被爆者に賠償請求権はあるのか。それはどのような法的根拠によるのか、という論点です。原爆投下が人道上許されない行為であるとしても、被害者の賠償請求権を根拠づける法的根拠は必要なのです。国際法上の根拠はどうか。米国や日本の国内法上の根拠はどうかという問題です。

第3に、吉田茂首相（当時）が1951年の対日講和条約で被爆者個人の請求権を放棄したことを捉えて日本政府を被告とすることは可能なのかという論点です。そもそも原爆を投下したのは米国ですから、日本政府にそのツケを回す理屈を考えることは簡単ではありません。そこで考えたのが、対日講和条約で損害賠償請求権という財産権を放棄したのだから日本政府は補償しろ、あるいは賠償しろという論理です。

原爆投下は国際法に照らして違法かどうかは大前提の大きな論点ですが、それがクリアーできたからといって、原告の請求が認容されるためには、このような論点をすべて克服しなければならないのです。そのことについて考えておきましよう。

「国王は悪をなさず」

原爆使用が違法であるとしても、戦争被害について個人の請求権が成立するかどうかは簡単な問題ではありません。国際法は、国家と国家の関係を規律する法ですから、個人の権利を発生させるということは原則的にありません。

また、各国の国内法において、国家の行為—とりわけ戦争において—個人に発生した損害を補償するかどうかは微妙です。その理由は、国家の行為によって個人が損害を被ったとしても個人の請求権は成立しないという伝統的な考えがあるからです。「国王は悪をなさず」とか「国家無答責の原理」といわれるものです。そもそも神は悪をなさない。国王は神からその権限を授与されているのだから人民に責任は負わない。国家は国王のものなのだから国王が国家に責任を負うことはありえないという理屈です。もちろん、現代において、それがそのまま通用しているわけではありませんが、その理屈の影響はまだ残っています。

このことは、日本でも同様です。大日本帝国の時代には「大日本帝国ハ万世一系ノ天皇之ヲ統治ス」（第1条）、「天皇ハ神聖ニシテ侵スヘカラス」（第3条）とされていました。天皇が悪をなすことなど想定されていなかったのです。その時代の価値と論理が「戦争被害は国民がひとしく受忍すべきものだから国家は補償しない」（戦争被害受忍論）とする現代の支配層の姿勢に受け継がれているのです。

ここでは、原告個人に国家に対する損害賠償請求権が発生するかどうかは「困難な問題」であることを確認しておいてください。

私有財産の正当な補償（憲法29条3項）

岡本さんと松井さんは、原告個人に米国に対する損害賠償請求権（私有財産の一種）が成立するとしたうえで、日本政府が講和条約によってその個人の財産権を放棄することは講和という国益のために利用したこ

とになるので、「私有財産は、正当な補償のもとに、これを公共のために用いることができる。」としている憲法29条3項に基づいて補償すべきである。補償しないというのなら、故意に国民の財産権を侵害することになるのだから「国又は公共団体の公権力の行使に当る公務員が、その職務を行うについて、故意又は過失によって違法に他人に損害を加えたときは、国又は公共団体が、これを賠償する責に任ずる。」としている国家賠償法に基づき賠償すべきであるという論理を打ち立てるのです。

　論理的には整合しています。けれども、そもそも個人の請求権などは成立してない。講和条約で個人の請求権は放棄していない。また、講和条約の締結には何の違法性もないということになれば、原告の主張は成立しないことになります。そういう意味では脆弱性を持っていたのです。

前代未聞の裁判

　しかも、敗戦国の民衆が戦勝国の軍の行為を違法として、自国の裁判所に訴えることなど、前代未聞のことなのです。

　松井さんは「怒りに包まれている私には、これらの疑問は苦痛であった。」としています。そのストレスは相当なものであったことでしょう。けれども、二人は友人の憲法学者・国際法学者、米国の法学者などの意見も参考としながら、研究を進めていきました。

　そして、二人は、戦後10年を経て、日米両国政府から見捨てられて悲惨の極にある被爆者を思い、そしてまた、迫りくる核脅威を考えて「被爆者救援の一助」と「核兵器禁止の一助」になることを念願して原爆裁判を提起したのです。

　ここでも「被爆者救援」と「核兵器禁止」が二人を行動に駆り立てていることを確認しておきましょう。

　二人で検討したこれらの論点をふまえ、裁判所に訴状が提出されます。

訴状に書かれていたこと

　請求の趣旨は、被告国は、原告下田に対して金三十万円。原告多田、浜部、岩渕、川島に対して各金二十万円を支払え、です。請求の趣旨とは、原告の請求の結論を述べたものです。原告に発生している財産的損害と非財産的損害（慰謝料）を請求しているのです。損害額は積み上げられたものではなく一括してのものでした。具体的な損害額を積み上げることは不可能でしょうしまたその必要もないでしょう。

　請求の原因の骨子は次のとおりです。請求の原因とは請求を基礎づける事実と論理のことです。

　米国は広島と長崎に原爆を投下した。原爆は人類の想像を絶した加害影響力を発した。

　みごもれる婦女も乳房を含む嬰児も殺害せられた。多くの市民がむごたらしい身体の傷害を受けた。一瞬たりとも放射線を浴びたものは突如として原爆症で死んでいく。原爆症は十年後も絶えない。

　人は垂れたる皮膚を襤褸として屍の間を彷徨号泣し、焦熱地獄なる形容を超越して人類史上における従来の想像を絶した酸鼻なる様相を呈した。

　原爆投下は、戦闘員・非戦闘員たるを問わず無差別に殺傷するものであり、かつ広島・長崎は日本の戦力の核心地ではなかったのだから、戦力破砕の目的に出たものではなく、闘争心を失わせるための威嚇手段であった。しかも、フランク委員会（原子力の社会的政治的意義に関する委員会）の勧告を無視して無警告で投下した。この投下は、防衛目的でも報復目的でもないことは明らかである。

　原子爆弾の爆風と熱線による広域破壊力とより広域な放射線による特殊加害影響力による残虐性とを認識すれば、原爆投下は人類に対する鏖殺行為であって、戦闘行為とは認められない。国家行為の原則の適用と

か戦闘行為の無責任の法理の適用外である。

原爆投下が戦闘行為であると仮定しても、国家免責規定の適用はあり得ない。実定国際法に違反するのみならず、その加害影響力の性質上、投下は許されないからである。

広域破壊力と人体に対する特殊加害影響力は人類の滅亡をさえ予測せしめるものであるから、人類と人類社会の安全と発達を志向希求する国際法とは相容れない。

実定国際法が適用されないとしてもその使用は自然法ないし条理国際法が厳禁するところである。

国家免責規定を原爆投下に適用することは人類社会の安全と発達に有害であり、著しく信義公平に反する。

米国は平和的人民の生命財産に対する加害について責任を負い、被害者個人に賠償請求権が発生する。

対日講和条約によって、日本国民個人の請求権が雲散霧消することはあり得ない。憲法29条3項により補償されなければならない。補償されないということであれば、吉田茂全権たちは、日本国民の請求権を故意に侵害したことになるので、国家賠償法による賠償義務が生ずる。人類の経験した最大の残虐行為によって被った原告らの損害に対して、深くして高き法の探求と原爆の本質に対する審理を行い、その請求を認容していただきたい。

訴状は、原爆が持つ想像を絶する残虐性を描写し、それは戦闘行為などではなく「人類に対する鏖殺行為」であって、人類社会の安全と発達を保障する国際法と相いれないことを論証し、憲法を援用しながら、国に賠償を求めているのです。改めて訴状を読んでみると、その論理構成の複雑さと被害についての記述の熱量に圧倒されます。

これに対する被告国の対応を紹介します。

20　「原爆裁判」を現代に活かす‼

3　被告国の対応

被告の答弁の骨子

被告国の答弁の骨子は次のとおりです。

原告の請求を棄却する。

原子爆弾の投下と炸裂により多数人が殺傷されたことは認めるが、被害の結果が原告主張のとおりであるかどうか、及び原爆の性能などは知らない。

原爆使用が、国際法に違反するとは直ちには断定できない。したがって、原告らに賠償請求権はない。被告らに対する補償義務または賠償義務は否認する。

原告の主張する権利は、各国の実定法に基礎を有することなく、したがって、権利の行使が法的に保障されていないもの、権利として実行されるべき方法ないし可能性を備えないものである。

平和条約によって請求権が認められるとしても、それは平和条約によるものである。敗戦国の国民の請求が認められることなど歴史的になかった。原告らの請求は、法律以前の抽象的観念であるというだけではなく、講和に際して、当然放棄されるべき宿命のもの。

原告が請求権なるものを有するとしても、それは何ら権利たるに値しない抽象的観念でしかない。そのような観念の存在や侵害を前提とする請求は失当である。

原告らの権利は、平和条約によって、はじめて実現できなくなったものではない（元々ない）。

憲法29条3項は、これによって直ちに補償請求権が発生するわけではない。具体的立法が必要だ。国は、原告らの権利を侵害していない。平和条約は適法に成立しているので、締結行為を違法視することはできない。被告に国家賠償義務はない。

被告は、被爆者に対して深甚の同情を惜しむものではないが、慰藉の道は、他の一般戦争被害者との均衡や財政状況等を勘案して決定されるべき政治問題である。

　被告国は、被害の程度が原告主張のとおりかどうかや原爆の性能などは知らないというのです。また、原爆使用が国際法に違反するとは言わないのです。更に力説したことは、原告の主張する請求権など権利の名に値しないということです。憲法29条3項から直接的な補償請求権は発生しない。平和条約締結は適法だとしています。「原告の請求は論外だ」と言わんばかりの答弁なのです。

木で鼻をくくった答弁

　松井弁護士は、この答弁について「われわれは、国側の答弁に冷たい官僚臭をかいだ。立場は違っても、被爆者救援、原水爆禁止への情熱については、同じ"日本人"として共鳴する点が少しあってもよいのではないか。私たちは、はなはださびしく、かつまた憤りを感じないわけにはいかなかった。」としています（前掲『戦争と国際法』）。

　そして、被告国は原爆投下が国際法に違反することを否定しているが、原爆投下直後の1945年8月10日、政府は米国に対して「原爆投下は国際法に違反している。即時に、このような非人道的兵器を放棄することを厳重に要求する。」と抗議していたではないかとその矛盾を追及しました。日本政府は「原爆投下は国際法に違反する」としていたことがあったので、それはどうなったのかとその説明を求めたのです（1955年10月22日付書面）。

被告国の返答　手のひら返し

　このことについての被告国の応答は「その抗議は事実であるが、原爆

22　　「原爆裁判」を現代に活かす!!

使用問題を交戦国として抗議するという立場を離れて客観的に眺めると、原爆の使用が国際法上違法であると断定されていないので、そのように答弁した。」というものでした（1956年2月8日付準備書面）。

　政府は手のひら返しをしたのです。政府は、1945年当時、原爆投下を「国際法違反」としていたにもかかわらず、裁判係属中の1956年には「国際法違反ではない」としたのです。これは原爆投下の「免罪」です。核兵器の持つ非人道性の曖昧化です。政府は、核兵器使用を法が容認するかのような主張をしているのです。

　その理由について私は次のように考えています。1951年に講和条約が締結されますが、あわせて旧日米安保条約も締結されています。この条約は、「無責任な軍国主義がまだ世界から駆逐されていないので、自衛権を行使する有効な手段を持たない日本には危険がある。だから、米国との安全保障条約を希望する」（前文要旨）として締結されたものでした。

　その条約について日本側の全権であった吉田茂首相（当時）は「日米安保条約は、…自然の流れとして両国利害の一致点に生まれたもので、自由陣営の世界的安全保障の一環として対共防衛組織の中に日本が加入したのである。…そこに共通の利益を発見したがゆえに、われも進んでこの組織に入ったのである。」としています（吉田茂『回想十年　新装版』毎日ワンズ、2022年）。すでに、日本政府は自発的に米国の軍事力に依存することを国策としていたのです。もちろん、米国は原爆投下を違法などとは全く考えていません。これでは、日本政府が米国の原爆投下を違法などと言えるわけはないでしょう。これが被告国の「手のひら返し」の理由です。

一貫している政府の姿勢

これは現在も一貫して続いている政府の姿勢です。

例えば、岸田文雄前首相は、その著書『核兵器のない世界へ』（日経BP、2020年）で、吉田茂氏を「名宰相」としたうえで、「『自国の防衛を米国に委ねる』という吉田の大胆な選択は、米国が担保する国際的な自由貿易体制の下で、日本が飛躍的な経済発展を遂げる土壌を提供してくれました。」と評価しています。そして「こうした吉田の政策」は「日本が『核とドルの傘』の下で生きていく選択」だとする学説を好意的に紹介しています。岸田氏は、吉田茂氏の選択を「核とドルの下で生きていく選択」と定義したうえで、それを評価し、継承するとしているのです。

私は、この「核とドルの下で生きていく選択」という表現は、1951年の対日講和条約と日米安保条約の締結から現在に至る自民党政権の基本政策を適切に言い表したものとして「なるほど！」と受け止めています。そして、軍事という物理的暴力と経済という利害関係を米国に依存する限り、日本は米国の軛から離れられないだろうし「自発的従属関係」は続くのだろうと思っています。

原爆は人命殺傷を防止した

さらに、被告国は「原爆の使用は日本の降伏を早め、戦争を継続することによって生ずる交戦国双方の人命殺傷を防止する結果をもたらした。このような事情を客観的に見れば、広島・長崎に対する原爆投下が国際法違反であるかどうかは、何人も結論を出しがたい。」ともしていました。この主張は、米国の「原爆投下は戦争終結を早め、多くの人命が失われるのを防いだ。」とする「原爆投下正当化論」と全く同じです。政府は被爆者に敵対し、米国の代理人であるかのような主張をしたのです。被告国はそこまで踏み込んで原爆投下を擁護したのです。

24　「原爆裁判」を現代に活かす‼

日本政府の原爆投下についての認識はこのようなものです。原爆投下は国際法に違反しない。原爆投下は日米両国の国民のためであった、ということなのです。何とも寂しく、怒りを覚える態度ではないでしょうか。

核兵器の使用や保有も違憲ではない

　加えて、「原爆裁判」では争点になっていませんが、政府は、自衛のための「最小限度の実力」であれば、核兵器の保有や使用も憲法に違反しないとしています。（このことについては補論として「日本政府の核兵器容認姿勢の転換を」で詳しく書いてあるので参照してください。）

　岸田文雄前首相は「核なき世界の実現はライフワーク」などと言っていましたし、外務省の担当者も私たち市民社会との意見交換会で「『核なき世界』の実現は私たちも目標としている。違うのはアプローチの方法だけだ。」などと言いますが、「唯一の被爆国」を枕詞に使用する政府の核兵器観の実態はこのようなものであることを認識しておいてください。

　政府の核兵器についての見解は「原爆裁判」当時から何も変わっていないどころか、近時、米国の「核の傘」への依存を強めるための「拡大核抑止に関する2プラス2」が開催されていることなどからすれば、むしろ核兵器を容認し、それに依存する姿勢は強くなっているのです。

　政府は「安保三文書」によって、自衛隊だけではなく、「国家挙げての防衛力」の強化を図り、米国との「拡大核抑止を含む同盟関係」を深化するとしています。自衛隊の「敵基地攻撃能力」や基地の強化や米軍との一体化が進められています。「非核三原則」の見直しや「核共有」なども言われています。核攻撃があった場合の「国民保護計画」も立てられています。政府は米国の核兵器は日本国と日本国民を守るために必要だとするだけではなく、核戦争も想定しているのです。結局、今、核

25

兵器をなくすことなどは考えていないのです。

このような政府の核兵器観を念頭に置きながら裁判所の対応に進みましょう。少し長いし難しいかもしれませんが、最も大事な部分なので、頑張って読み進めてください。

4　裁判所の判断

「原爆裁判」は、1955年4月に東京地裁と大阪地裁に提起されましたが、東京地裁に併合されて審理され1963年12月7日に判決となりました。提訴から判決まで8年の歳月がかかっていますが、延期される期日も多くありました。歴史上はじめて使用された核兵器の合法性を問うという事件の難解な性質と原告代理人は松井さん一人という事情などからすればやむを得なかったのでしょう。

判決に関与した裁判官は裁判長裁判官古関敏正、右陪席裁判官三淵嘉子、左陪席裁判官高桑昭の三人でした。特に、「虎に翼」のモデルである三淵嘉子裁判官は判決言渡日前に転勤になっていましたが、口頭弁論手続きのすべてに関わったただ一人の裁判官でした。彼女がこの事件についてどのような意見を持っていたかは、ご本人は何も語っていません。そもそも、裁判官のそれぞれの意見は「評議の秘密」として墓場まで持っていかなくてはならないのです。だから、裁判官たちの考え方は判決の内容から推察するしかありません。このことはまたあとで触れることにします。

判決の内容を紹介します。

26　　「原爆裁判」を現代に活かす!!

判決主文は「原告らの請求を棄却する」です。

裁判所は、原爆投下の違法性は認めましたが、原告の請求を棄却したのです。

その理由の概要は次のとおりです。

原子爆弾の投下とその効果について

㈠ 原爆は空中でさく裂し、閃光とともに激しい爆風が起こり、市内のほとんどの建物は崩壊し、同時にいたるところで火災が発生し、爆心地から半径四キロメートルの範囲にいた人々は老若男女の区別なく一瞬にして殺害された。それ以外の地域においても皮膚に火傷を負い、放射線を浴びて原爆症に罹ったものが多数に及び、軍関係者を除き、広島市において少なくも死者7万人以上、負傷者5万人以上、長崎市においては死者2万人以上、負傷者4万人を出すに至った。

㈡ 核分裂に際して放出されるエネルギーは莫大なものである。広島、長崎に投下された原爆は、TNT爆弾2万トンと同量のエネルギーを放出するものであった。現在ではメガトン級の発生エネルギーを持つはるかに強力な兵器が出現している。

㈢ 原爆爆発によって生ずる効果は、第一に爆風によるものである。原爆が空中で爆発すると、直ちに非常な高温、高圧のガスより成る火の玉が生じ、周囲の空気を巻き込みながら上昇する。火の玉からは直ちに高温高圧の空気の波（衝撃波）が外側に押し出され、地表に達すると、地上の建造物をあたかも地震と台風が同時に発生したのと同様な状態で破壊し去る。第二の効果は熱線によるものである。熱線は可視光線、赤外線のみならず、紫外線も含み、光と同じ速度で地表に達すると、地上の燃え易いものに火災を発生させ、人の皮膚に火傷を起こさせ、状況によっては人を死に導

く。第三の、そして最も特異な効果は初期放射線と残留放射能に
よるものである。原爆の爆発後一分以内に放射される放射線は、
中性子、ガンマー線、アルファ粒子、及びベータ粒子より成り、
初期放射線と呼ばれる。中性子やガンマー線が人体にあたるとそ
の細胞を破壊し、放射線障害を生ぜしめ、原子病（原爆症）を発
生させる。一分以後に主として爆弾の残片から放射される放射線
は残留放射線と呼ばれるが、これらの残片は微粒となって大気中
に広く広がり、水滴に附着して雨を降らせ、あるいは死の灰とな
って地上に舞い降りる。この放射線の人体に及ぼす効果は初期放
射線と同様である。

㈣ 原爆は、その破壊力、殺傷力において従来のあらゆる兵器と異な
る特質を有するものであり、まさに残虐な兵器である。

　裁判官たちは、原爆はその殺傷力や破壊力の特質からして「残虐な兵
器」であると明確に認定したのです。オッペンハイマーは「原爆は死で
あり、世界の破壊者」としていましたが、「原爆裁判」も同様の認識に
至っていたのです。
　続いて原爆投下の国際法上の評価を検討しています。

国際法による評価

㈠ 核兵器が国際法上許されるかどうかは、重要で極めて困難な問題
である。しかしながら、本件においては、広島、長崎への原爆投
下が、当時の国際法に照らして違法とされるかどうかに限局して
考察する。

㈡ 前提として、19世紀後半から近代諸国家間において、戦争、とり
わけ、戦闘行為において、どのような国際法が存在したかから考
察を始める。年代順に列挙する。

- 1868年　セント・ペテルスブルク宣言
- 1899年　第1次ヘーグ平和会議の陸戦の法規及び慣例に関する条約および規則（いわゆる陸戦法規）。炸裂性の弾丸に関する宣言（いわゆるダムダム弾禁止宣言）。空中の気球から投下される投射物に関する宣言（いわゆる空爆禁止宣言）。窒息性又は有毒性のガスを頒布する投射物に関する宣言（いわゆる毒ガス禁止宣言）
- 1907年　第2次ヘーグ平和会議の陸戦法規（第1次ヘーグ会議の補修）
- 1922年　潜水艦及び毒ガスに関する五国条約
- 1923年　空戦に関する規則案（空戦法規案）
- 1925年　毒ガス等の禁止に関する議定書

㈢ 以上に掲げた諸法規には、新兵器である原爆の投下について直接には何の規定もない。被告は、この点をとらえて国際法違反の問題は起こりえないという。しかしながら、ここにいう禁止とは、明文の禁止だけを意味するものではなく、慣習法と条約の解釈及び類推適用からして禁止されている場合を含む。

㈣ 新兵器は常に国際法の規制の対象にならないという考えも根拠はない。新兵器であるというだけで適法なものとすることはできず、国際法上の検討にさらされるのは当然である。

㈤ 原爆の投下行為に関連する当時の国際法を検討する。まず、原爆投下は飛行機による戦闘行為であるから、空爆に関する法規によって是認されるかである。空爆に関する一般的条約は成立していない。一般に承認されている慣習法によれば、防守都市と無防守都市を区別し、防守都市に対する無差別攻撃は許されているが、無防守都市においては、戦闘員及び軍事施設（軍事目標）に対してのみ砲撃が許され、非戦闘員および非軍事施設（非軍事目標）

に対する砲撃は許されず、これに反すれば当然違法な戦闘行為と
なる。

㈥ 「空戦に関する規則案」はまだ条約として発効していないけれど無
防守都市に対する無差別爆撃の禁止、軍事目標主義の原則は、陸
戦及び海戦に関する原則と共通しているので、慣習国際法と言え
る。

㈦ 防守都市と無防守都市の区別は何か。防守都市とは地上兵力によ
る占領に対して抵抗しつつある都市をいうのであって、単に、軍
隊が存在しても、戦場から遠く離れ、敵の占領の危険が迫ってい
ない都市は防守都市ではない。軍事目標を爆撃するに際して、非
軍事目標が破壊され、非戦闘員が死傷することは予想されるが、
それが軍事目標に対する爆撃に伴うやむを得ない場合には違法で
はないが、目標を区別しない爆撃（いわゆる盲目爆撃）は許され
ない。原爆の加害力と破壊力の著しいことからすれば、軍事目標
と非軍事目標の区別はおろか、中程度の規模の都市が全滅するこ
とは明らかであって、無防守都市に対する原爆の投下行為は、盲
目爆撃と同視すべきであって、当時の国際法に違反する戦闘行為
である。

㈧ 広島市と長崎市は防守都市ではない。また、広島市と長崎市には
一般市民がその居を構えていた。仮に、原爆投下が軍事目標を目
的としたものであったとしても、原爆の巨大な破壊力からすれば
盲目爆撃であり、無防守都市に対する無差別爆撃として、当時の
国際法から見て、違法な戦闘行為であると解するのが相当である。

㈨ 以上の結論に対して、当時の戦争は総力戦であるから、軍事目標
と非軍事目標の区別は困難であって、必ずしも軍事目標主義は貫
かれなかったとの反対論がある。しかし、その区別がなくなった
ということは誤りである。

30　　「原爆裁判」を現代に活かす‼

㈥ 個々の軍事目標を確認して攻撃をすることが不可能な場合には軍事目標が集中している地域に対して爆撃することを適法とする「目標区域爆撃」という考えもあるが、広島や長崎は軍事目標が集中していた地域とは言えない。

㈦ のみならず、原子爆弾がもたらす苦痛は、毒、毒ガス以上のものと言って過言ではなく、広島と長崎に対する原爆投下は、不必要な苦痛を与えてはならないという戦争法の根本原則に違反している。

　このように、裁判官たちは、当時の国際法を列挙したうえで、広島と長崎は「防守都市」ではなかったとして、原爆投下は「盲目爆撃と同視すべき無差別爆撃」だということと「不必要な苦痛を与える」という2点を指摘して「違法な戦闘行為」としたのです。被告国の主張を否定するために展開された冷静な判断ですし、想定される批判にも対応していることにも留意してください。こうして、戦勝国米国の原爆投下という軍事行動を国際法違反とする大胆な判決が敗戦国の裁判所で出されたのです。「驚天動地」という表現もあながち大袈裟ではないかもしれません。

5　鑑定人の意見

　この判決では、高野雄一・田畑茂二郎・安井郁氏ら三名の国際法学者の鑑定意見が随所で援用されています。裁判官たちは、原爆投下の違法性を判断するうえで、国際法の専門家の意見を聞くという姿勢を示し、原告から申請された安井郁氏と被告が申請した高野雄一氏、田畑茂二郎氏ら三氏に対して「広島・長崎への原爆投下は国際法に違反するか」、「原告らに賠償請求権はあるか」、「講和条約で何が放棄されたのか」などについての鑑定を求めたのです。

高野鑑定人の意見

　高野鑑定人の鑑定事項は、次の３項目でした。一、広島、長崎に投下された原爆は国際法違反の戦斗行為か。二、国際法違反の戦斗行為によって相手国国民（非戦闘員）が被害を受けた場合、（イ）相手国は損害賠償請求権があるか。（ロ）相手国の当該国民は当該加害国に損害賠償請求権があるか。三、平和条約第19条で放棄された国民の請求権とはいかなるものか。

　その結論は、一については、「広島、長崎に対する原爆攻撃は、実定国際法に違反するとの判断に傾くのであるが…ここでは確定的な断定は差し控える。」というものでした。二については、（イ）については当然あるが、（ロ）については「国際法上は、一般的にそのような請求権が問題になることはない。」というものでした。国内法上の問題とはなるけれど「本鑑定の性質上、これ以上立ち入らない。」とされています。三については、「『国民の請求権』は国内法的に考えられるのでありその権利を条約によって放棄するということも考えられる。」というものでした。

　高野鑑定は、原爆攻撃について適法とはしていませんが、違法とも断定していないことを確認しておきましょう。その背景にあるのは、使用される兵器の非人道性が非常に大きくても、同時にその軍事的効果が著しく大きいならば、国際法上一般に不法とされる基礎を十分に持たないという考えです。ただし、広島・長崎が無差別爆撃を認められる状態ではなかったので「原爆投下は実定国際法に違反するとの判断に傾く」とされているのです。

田畑鑑定人の意見

　田畑鑑定人の鑑定事項は、次の４点です。一、広島、長崎に対する原子爆弾投下行為は、（１）国際法に違反するか、（２）あわせて日米両国

の国内法に違反するか。二、違法な戦斗行為によって被害を受けた国の非戦斗員はその実行行為者に対して、（１）国際法上損害賠償を請求することができるか。（２）交戦国の双方又は一方の国内法に基づき損害賠償を請求することができるか。（３）違法な戦斗行為から生ずる請求権の存否は講和条約で合意されない限り実定法上の請求権として発生しないのでないか。（４）違法な戦斗行為から生じた請求権について、被害国民が講和条約等にもとずかずして加害国の国内法によって直接請求した事例はあるか。三、平和条約第19条により放棄された日本国民の請求権は前項の請求権をすべて包含するか。四、米国政府が公式に、原爆攻撃を国際法違反と言明したことがあるか。

　田畑鑑定人の意見は次のとおりでした（原爆投下の国際法上の問題点のみについての紹介です）。広島も長崎もいわゆる無防守都市であって、軍事目標・非軍事目標の区別なしに、あらゆるものを破壊する効果をもつ原爆を使用することは当然違法と断定せざるを得ない。威嚇の目的で非戦闘員を爆撃することは許されない。戦争法は、軍事的必要性と人道的要請との調和の上に成り立っている。したがって軍事的必要を無視することはできないが、それを超えて不必要な害を与えることは戦争法規の基調にそむく。広島・長崎への原爆投下はこの原則にも反して違法である。

　安井鑑定人の意見
　安井鑑定人の意見の結論は次のとおりでした。
　一、広島、長崎の原爆攻撃は非人道的な兵器の使用と一般国民への無差別爆撃を禁止する国際法の原則に違反する。二、米国は国際法違反の原爆攻撃により生じた日本国民の身体・財産に対する損害を賠償する責任を負う。三、日本国は原爆被害者が米国より受けるべき損害賠償を平

33

和条約による請求権放棄により不可能ならしめたことに対して正当な補償をする責任を負う。

　安井鑑定人の意見の背景にあるのは次のような価値と論理でした。

　国際法の直接の規定を待つ必要がないほどに、新兵器の非人道性が甚だしい場合がありうる。原爆投下は、戦争の必要が人道の要求に一歩譲るべき国際法の原則に違反する。国際法は交戦者と非交戦者を区別している。これは戦争の惨害が非交戦者に及ばないようにするためであり、国際法のもっとも重要な原則である。原爆使用は違法である。

　安井郁氏については証人尋問も行われています。その証言を紹介しておきます。

　原爆の使用を禁止するルールはない。しかし、国際法のプリンシプルの一つである「人道の原則」に違反する。被爆者は、米国およびトルーマンに対して生命・身体・財産を侵害されたことによる賠償請求権をもつ。その権利の行使は日本政府がなすべきものである。被爆者個人が権利実現の手段がないからと言って、権利性がないということはできない。

　国際法違反が行われた場合、それに責任が生ずることは確立された国際法の原則。米国はもとより実行行為者であるトルーマンの責任が問われるべきである。ヘーグの各条約、空戦法規案、ニュルンベルグ裁判、東京裁判、ジェノサイド条約などの検討から導くことができる。

　平和条約19条 a 項は、日本国と被爆者の双方が米国とトルーマンに対する請求権をすべて放棄したと読むべきである。憲法29条 3 項で補償すべきかどうかは、鑑定すべき分野ではないが、補償すべきものと思う。また、未補償のまま放置することは民法上の不法行為の問題になるかもしれない。

　付け加えておくと、安井さんは、国際法の学者であると同時に、原水

34　　「原爆裁判」を現代に活かす‼

禁運動にも積極的に関わっておられました。

　　三人の結論
　三人の鑑定人の意見や証言は、国際法、国内法について、極めて詳細な専門的なものでした。そして、ここに述べたように、三人の鑑定人の「広島への原爆投下が国際法上違法かどうか」についての意見は、高野氏は「違法に傾く」、田畑氏は「当然違法」、安井氏は「国際法の最も重要な原則に違反する」というものでした。被告国が申請した高野氏も田畑氏も「適法」と言わなかったのです。私は「被爆の実相」を知る学者が原爆投下を「法が許容する」などと言う結論を出せるはずはないと考えています。究極の暴力を法が容認することは法の存在意義を否定することになるからです。「違法に傾く」などという結論は何とも情けないと思っています。
　「原爆裁判」の判決はこのように国際法の専門家の鑑定意見を踏まえていたのです。そしてそのことは、この判決が敗戦国の下級裁判所の判断であるにもかかわらず「シモダ・ケース」として国際社会においても引用・参照される理由となっているのです。

　続いて、国内法の評価、被害者の損害賠償請求権、対日平和条約よる請求権の放棄などについての判断を紹介します。

6　被害者の損害賠償請求権

国内法の評価
　判決は、広島と長崎への原爆投下を国際法違反としました。その上で、原告に国内法上の権利があるかどうかを検討します。けれども、それを抽象的に検討しても意味がないとしています。それは、どの裁判所に提訴できるかということと密接に関連しているので、そのことと併せて検

討する必要があるというのです。そのような理由で、被害者の損害賠償請求権についての検討に入ります。

国際法上の請求権

　判決は、違法な戦闘行為による損害賠償請求権について、まず、国際法上の検討を行いました。個人の国際法上の法主体性や国家の外交保護権（国家が国民個人のために外国に対し救済を求める権限）についての検討が行われていますが、その結論は、国際法上の権利を持つのは、個別の条約で認められていない限り、国家だけである。国家に外交保護権があるからといって、個人の請求権が認められるわけではないとして、被爆者に国際法上の請求権はないとしたのです。

　その上で、被爆者の日本の国内法上の権利、米国の国内法上の権利についての検討をしています。

日本の国内法上の請求権

　日本の国内法上の権利については、原告は米国を相手に提訴することになるが、国家が他国の民事裁判権に服さないということは、国際法上確立した原則なので、原告はそのような裁判を起こせないとしたのです。これは、米国政府を被告として請求権があるかどうかを争うこともできないという判断です。それが「原告に国内法上の権利があるかどうか抽象的に議論しても意味がない。」ということなのです。そもそも、「訴えを起こせない」のだから権利云々以前の問題だということです。

　「裁判所は他国を裁けない。」という「主権免除」の考え方は慣習国際法とされていますし、「外国等に対する我が国の民事裁判権に関する法律」（平成21年法律第24号）は「外国等は、この法律に別段の定めがある場合を除き、裁判権から免除されるものとする。」としています。当時、この法律はありませんでしたが、考え方は変わらないのです。

36　　「原爆裁判」を現代に活かす‼

米国の国内法上の請求権

米国の国内法上の権利ついては次のように判断しています。

米国国内法では、「国王は悪をなさず」という英国の法理がそのまま継承されてはいないということは原告の言うとおりであるが、米国には公務員が職務を行うに当たって犯した不法行為については賠償責任を負わないという「主権免責」の法理がある。原子爆弾の破壊力がいかに強大であるにせよ、この法理を破砕し去ったとは言えない。

要するに、米国では戦争という公務員が行う行為についてはその責任を追及できないというのです。原告の米国国内法上の請求権は否定されているのです。

判決は、原告は国際法上も国内法上も権利をもっていない。日米いずれの裁判所に対しても救済を求めることはできないと結論したのです。これは被告国の「原告の主張する権利は、各国の実定法に基礎を有することなく、したがって、権利の行使が法的に保障されていないもの、権利として実行されるべき方法ないし可能性を備えないものである。」という主張の容認です。

7　対日平和条約よる請求権の放棄について

判決は、対日平和条約で放棄された「日本国民の請求権」についても検討していますが、結局のところ、国民には国際法上も国内法上も請求権はないので「原告らは喪失すべき権利を持たないわけであって、法律上、これにより被告らの責任を問う由もない。」としているのです。要するに、判決は、原告に元々権利はないのだから、対日平和条約によって原告が失うものはない、平和条約は原告に何の影響も与えていないとしているのです。これも被告国の主張の容認です。

けれども、裁判官たちは「請求権の放棄による被告の責任」について論を進めるのです。「原告に請求権はない」としながら、その「請求権

の放棄による責任」を問題にするという矛盾した態度をとっているのです。放棄する請求権はないとされながらその責任を追及された被告国も困惑したことでしょう。

請求権の放棄による被告の責任

判決は最後に次のように言います。

人類の歴史始まって以来の大規模、かつ破壊力を持つ原爆の投下によって損害を被った国民に対して、心からの同情の念を抱かないものはいないであろう。戦争を全く廃止するか少なくも最小限に制限し、それによる惨禍を最小限にとどめることは、人類共通の希望であり、そのためにわれわれ人類は日夜努力を重ねているのである。

戦争災害に対しては当然に結果責任に基づく国家補償の問題が生ずる。「原子爆弾被害者の医療等に関する法律」があるが、この程度のものでは、原爆による被害者に対する救済、救援にならないことは明らかである。国家は自らの権限と責任において開始した戦争により、国民の多くの人々を死に導き、傷害を負わせ、不安な生活に追い込んだ。しかもその災害の甚大なことは一般の災害の比ではない。被告が十分な救済策をとるべきことは多言を要しない。

しかしながら、それは、裁判所の職責ではなく国会及び内閣の職責である。戦後十数年を経て、高度成長をとげたわが国においてこれが不可能であるとは考えられない。われわれは本訴訟をみるにつけ、政治の貧困を嘆かずにはおられない。

判決が「請求権はないので被告に責任を問うことはできない」としていたことは直前に確認した通りです。にもかかわらず、判決は「被告の責任を問う」としているのです。請求権がないのであれば放棄する対象もないので、放棄の責任など発生する余地はありません。判決は矛盾こ

38　「原爆裁判」を現代に活かす!!

の上ない問題設定をしているのです。

　このことについて松井弁護士は次のように言います。
　この判決の論旨は全く正しく、非の打ち所がない。しかも、この点は
法的判断を任務とする裁判所としては通常意見を述べないところである
にもかかわらず、敢えて言及するという異例なことをしたのであって、
それは、「われわれは本訴訟をみるにつけ、政治の貧困を嘆かずにはお
られない」という心情からやむにやまれず出たことであろう。被告国と
しては余計なことに言及され、おまけに叱られたのであるから面白くな
かったであろう。それだけに裁判所としては勇気ある発言をしたのであ
って、高く評価できる（前掲『原爆裁判』）。

　私は、判決が書いていることに基本的には賛成ですが、論理的には矛
盾する展開だと思っています。けれども、この部分に裁判官たちの葛藤
を見て取っています。原爆投下を国際法に違反するとしながら被爆者に
請求権はないとしたことに対する良心の呵責があったという推測です。
「虎に翼」で、寅子が「では、誰が被爆者を救済するのですか。」と政府
側の鑑定人に問いかけた場面を思い出します（これはドラマです）。鑑
定人は「法はそれを用意していない。」という趣旨の証言をしていまし
た。政府も裁判所も被爆者を救済しないとしてしまうことは、裁判官た
ちには耐えられなかったのでしょう。
　その良心の呵責が、被爆者に対する同情、戦争廃止や制限の努力、国
家補償の必要性などを指摘し、被爆者に対する「十分な救済策」をとる
ことは可能であるとして「政治の貧困」を嘆かせたのではないでしょう
か。三淵さんも含め、裁判官たちは、何か原告のためにできることはな
いのかを考えた上でこの結論を出したのでしょう。私はそこに人間とし
ての共感を覚えます。けれども、その葛藤は原告たちには何も具体的な

39

成果をもたらさなかったことも忘れてはなりません。

判決の国家補償の指摘

　それはそれとして、私は判決の「戦争災害に対しては当然に結果責任に基づく国家補償の問題が生ずる。」としていることに注目しています。国家は自らの権限と責任で戦争を始めたのだから、被害者に対して十分な救済策をとることは当然であるというのです。判決は、被爆者の被害は甚大であり一般の被害の比ではないとしてその特殊性を強調していますが、戦争被害に対する国家補償の必要性という一般的命題についても言及しているのです。判決が、被爆者にとどまらず、戦争被害者全体に対する救済の必要性を展開していることに注目しておきましょう。政府は、現在も、戦争被害との関係でその論理を採用していません。戦争被害者に対する政府と国会の対応は「政治の貧困」を最も鮮明にした局面の一つなのです。

判決の「人類共通の希望」の意味すること

　ところで、判決は「戦争を全く廃止するか少なくも最小限に制限し、それによる惨禍を最小限にとどめることは、人類共通の希望」としています。私は、戦争の廃止と制限を「人類共通の希望」とする姿勢に共感しています。けれども、このような言い方は、戦争を「最小限に制限する」だけではなく「全く廃止し」、「陸海空軍その他の戦力」も「交戦権」も放棄している日本国憲法9条を無視していることも指摘しておきたいと思います。

　「平和憲法」といわれる日本国憲法が施行されたのは1947年5月3日ですから、判決時には十数年経過しているにもかかわらず、判決はそのことに触れていないのです。原告も、核兵器禁止を一つのテーマとしながら、憲法9条の背景に原爆投下があったことには触れていないので、

40　　「原爆裁判」を現代に活かす!!

判決もこのようになっているのかもしれませんが、もっと踏み込んで欲しかったと思えてなりません。このことについては、また後で触れることにします。

判決についての受け止め
原告の受け止め
判決は原告の請求を認めませんでした。そのことについての原告の感慨はどのようなものだったのでしょうか。

松井康浩弁護士は、原告の一人である下田隆一さんが「被爆者問題について、国が少しでも親心を出してくれるのではないかと淡い希望をいだき八年間もがんばり続けてきたが、しめくくりで棄却されたことはとても残念だ。」と述べていることについて「私の肺腑をえぐる。」としています（前掲『戦争と国際法』）。

他の原告も同じような思いに駆られていたことは想像に難くありません。例えば、椎名麻紗枝弁護士は「請求を認めなかった判決は、原告多田マキさんにとって砂をかむような判決だったに違いない。」としています（前掲『原爆犯罪』）。

この判決は裁判を提起した原告本人たちの請求は認めていないのです。私たちは、そのことを記憶し続けなければなりません。

松井康浩弁護士の述懐
松井さんは次のように判決を評価しています（前掲『原爆裁判』）。

原爆判決は、広島・長崎への原爆投下という限定の下に国際法違反と断定した。しかし、その違反原因である無差別爆撃性と非人道性は、いつ、いかなる原爆投下にも適用されるであろう。

裁判所としては、被爆者を法的に救済できないもどかしさもあってか、「政治の貧困さを嘆かずにはおられない」として、最大限の言葉を用い

41

て、被爆者援護法を未だに制定しない立法府と行政府を批判している。この批判の意義はきわめて高く、原爆投下の国際法違反とともに、この判決の価値を大ならしめるものである。

　松井さんは、判決を「無差別爆撃性と非人道性は、いつ、いかなる原爆投下にも適用される」、「被爆者援護法を未だに制定しない立法府と行政府を批判している意義はきわめて高い」と評価しているのです。私は、「被爆者を法的に救済できないもどかしさもあってか」という部分も含め、松井さんの「この判決の価値は大きい」とする評価に賛成です。

8　判決の背後に何があったのか

　私はこのような判決を書いた裁判官たちは「時代に挑戦する勇気ある人たち」だと思っています。米国の原爆投下を国際法違反だとし、被爆者への支援に怠惰な「政治の貧困」を嘆くなどということは、なかなかできることではないからです。

　では、その判決を書いた三人の裁判官、裁判長古関敏正、右陪席三淵嘉子、左陪席高桑昭さんたちは、なぜそのような判決を書いたのでしょうか。また、書けたのでしょうか。

　先に、国際法の専門家の鑑定意見を丁寧に参照したことについては触れました。裁判官たちは、原爆投下を法的に評価する上での基礎知識をきちんと学ぼうとしたのです。「法は核兵器とどう向き合うべきか」について正面から受け止めていたのです。核兵器使用が、裁判というかたちで法的に問われたケースは「原爆裁判」以外ありません。後で触れる国際司法裁判所の勧告的意見も「裁判」ではありません。今後、核兵器使用が「裁判」という形で争われることはないかもしれません。核兵器が使用されることがあれば文明が滅びているだろうからです。そういう意味で「原爆裁判」は空前絶後の裁判となるでしょう。

42　「原爆裁判」を現代に活かす!!

このことを前提として、これ以外の二つのことを指摘しておきます。一つは、三人の裁判官の原爆投下に対する感慨です。もう一つは、当時の裁判所の雰囲気です。

原爆投下は正当視できない

当時26歳で判決の草案を書いた高桑さんは、『東京新聞』（2024年7月28日付）で「原爆を巡って国家と争う通常の民事とは違う特殊な訴訟。大変な裁判を担当したなというのが当時の感想だった。」としながら、「国際法違反かどうかにかかわらず、賠償請求を棄却する方法もあったが、逃げずに理屈を立てて国際法を点検した。やはり原爆投下を正当視することはできなかった。」としています。

三淵さんは、『しんぶん赤旗日曜版』（2024年8月4日付）によれば、日本婦人法律家協会（現・日本女性法律家協会）の会長だった1982年3月8日、「第2回国連軍縮特別総会に向けて婦人の行動を広げる会」の呼びかけに応じ、池袋駅前で、反核署名活動をしています。「核抑止は不安定極まる」、「人類を破滅から防ぐことができるのは国民の権利の行使にかかっている」、「核兵器廃止は、反米とか思想、政策以前の人類を守るための要請です。」と考えていたというのです。

裁判官たちは原爆投下を「正当視できなかった」し、原爆が人々に何をもたらしたのかその「被爆の実相」を無視できなかったのでしょう。それがこのような判決を書いた理由ではないでしょうか。

けれども、このような判決を書くには、それを可能とする司法の状況もなければなりません。

当時の裁判所の状況

私は初代最高裁長官三淵忠彦氏の存在が大きかったと考えています。氏は、1880（明治13）年に生まれ、1950（昭和25）年に没しています。

最高裁長官就任は、1947年 8 月だから67歳の時です。

　原爆裁判の提訴は1955年ですから、氏はすでに没しています。しかも、その在任期間は短かったので、影響など小さいと思われるかもしれません。けれども、氏には最高裁長官として就任挨拶する機会や高裁長官たちに訓示する機会があったのです。

　1947年 8 月 4 日の就任挨拶（「国民諸君への挨拶」）は次のように言います。

　「裁判所は、国民の権利を擁護し、防衛し、正義と衡平を実現するところであって、圧制政府の手先となって国民を弾圧し、迫害するところではない。裁判所は真実に国民の裁判所になりきらなければならぬ。」

　同年10月15日には、高裁長官に次のように訓示しています。

　「今や、裁判官はその官僚制を払拭せられ、デモクラシー日本建設のパイオニアたるべき使命を負うている。」

　ここに、三淵忠彦初代長官の司法に携わる者としての固い決意を見て取ることができるのではないでしょうか。

　私は、これらのことを次のように紹介していました（「去るは天国残るは地獄」拙著『憲法ルネサンス』イクオリティ、1988年所収）。

　「まことに気負いの感じられる内容」（野村二郎）かもしれない。けれども、今、この言葉に接するわれわれにどんなに新鮮な響きを与えてくれることか。われわれが、日本国憲法を手に入れた直後、司法部のキャプテンはわが基本法を、確かに、具現していたのである。彼のメッセージの中には、時の政府と一線を画しつつ、それとの緊張関係の中で、国民—即ち、自身の雇い主—に対する奉仕のありようを模索する姿勢がある。われわれ国民にとって、あるべき司法像の原点がそこにある。司法が時の行政権と一定の拮抗関係を保ちつつ、人民の基本的人権の擁護に資する機能を期待されたのは昨日や今日のことではない。かれこれ200

44　　「原爆裁判」を現代に活かす!!

年も前から、人々は司法に期待してきたのである。

　裁判長の古関さんは尊敬する裁判官として三淵忠彦氏を挙げています（清永聡編著『三淵嘉子と家庭裁判所』日本評論社、2023年）。嘉子さんは忠彦さんの息子の配偶者でした（「虎に翼」でも描かれていました）。当時を知る元裁判官北澤貞夫弁護士によれば、高桑さんと同期の裁判官たちの中では「国民への挨拶」が学習されていたそうです。
　当時の裁判所には、米国の原爆投下を国際法違反とし、被爆者援護に消極的な「政治の貧困」を嘆くことができる気概があったのです。「国民の裁判所」になりきるという気概がまだ残っていたのでしよう。

司法の反動化
　その後、裁判所は「反動化」していきます。反動化とは「国民の裁判所」であることを放棄し、時の政治権力に迎合するという意味です。三淵初代長官の後、田中耕太郎氏が第二代の長官に就任します。1950年から1960年の10年間、彼はその地位にありました。私は、彼は最高裁長官どころか裁判官として不適任だと思っています。その理由は、彼は「共産主義者のいうことを額面通りに受け取るのは危険である。」という信念を持ちながら「松川事件」（東芝の労働者や共産党員が列車を転覆させたとされた事件。最終的には全被告が無罪）を担当し、被告人らを死刑にしようとしたからです（彼は死刑判決の差戻に反対した）。「松川事件」の被告人の中には共産党員も含まれていました。彼らの主張は信用できないと決めてかかれば、真実は見つからないことになります。田中氏が個人としてどのような思想を持つかはもちろん彼が決めればいいことです。けれども、極端な反共主義に基づく偏見で当事者に接することは、裁判官として許されることではありません。私は、この時、裁判官としての矜持は消え「司法の反動化」が始まったと考えています（「最

高裁判所が嫌いなもの」前掲『憲法ルネサンス』所収)。

　ところで、「虎に翼」では松山ケンイチさん演ずる桂場等一郎最高裁長官は石田和外第五代最高裁長官がモデルです。彼も「司法の反動化」を推し進めた一人です。彼は1969年から1973年まで最高裁長官でしたが、その信条は「極端な軍国主義者、無政府主義者、はっきりした共産主義者ということになると、裁判官としては好ましくない。」というものでした。彼は「はっきりした共産主義者」は裁判官として好ましくないとしていましたが、「極端な反共主義者」である田中耕太郎氏のような人の裁判官の資質は問題にしていなかったようです。

　私は石田長官時代の「司法の反動化」の効果が現在の裁判所に暗い影を投げかけ続けていると考えています。現代の裁判所は、米国にものを言わないどころか「政治の貧困」を嘆くことも極めて稀だからです。

　以上のとおり、この判決が、原爆投下を国際法違反とし、被爆者救援についての「政治の貧困」を嘆いたことは大きな意味を持っていたのです。そのことを確認するために、その後、被爆者援護制度はどのような変化をしたのか、また、核に挑戦する国際法にどのように影響を与えたのかを検討してみましょう。

Ⅱ　被爆者援護制度の変化

1　判決についての日本被団協の評価

　この判決が出た1963年12月当時、日本原水爆被害者団体協議会（日本被団協）は、原水爆禁止運動の分裂の影響を受けて「機能不全」ともいえる困難に直面していたようです。その日本被団協は、この判決につい

46　「原爆裁判」を現代に活かす!!

て「一つの光明が現れた。被爆者の要求、とりわけ国家補償要求に根拠となる法の理論を与えるものだった。」と評価しています（前掲『日本被団協50年史』）。

そして、次のようにも言っています（日本被団協HP）。

この裁判は、その後、被爆者援護施策や原水爆禁止連動が前進するための大きな役割を担った。訴訟提起後の1957年に「原子爆弾被爆者の医療等に関する法律」が制定され、判決後の世論の高まりもあり、1968年9月には「原子爆弾被爆者に対する特別措置に関する法律」が施行されたのである。

日本被団協は, 1956年8月、「あの瞬間に死ななかった」被爆者が「私たちは自らを救うとともに、私たちの体験をとおして人類の危機を救おうという決意を誓い合い」、「私たちの受難と復活が新しい原子力時代に人類の生命と幸福を守るとりでとして役立ちますならば、私たちは心から『生きていてよかった』とよろこぶことができるでしょう。」（「結成宣言」）として結成した組織です。

その被爆者の組織が、「原爆裁判」は「一つの光明」、「被爆者援護施策や原水爆禁止運動の前進のための大きな役割を担った」としているのです。

松井さんは、「原爆裁判」を遂行する上で、「被爆者団体ともよく連絡し、法廷内だけではなくいろいろの法廷外の活動と連携をとって資料の提供や検証を求めるべきであったことを深く反省したいと思う。」としていますが（前掲『原爆と国際法』）、日本被団協のこのような評価はうれしく受け止めたことでしょう。

2　政府の政策の変遷

政府の被爆者援護の政策の変遷は次のとおりです。

1957（昭和32）年4月

「原子爆弾被爆者の医療等に関する法律」（原爆医療法）施行

1968（昭和43）年9月

「原子爆弾被爆者に対する特別措置に関する法律」（原爆特措法）施行

（1980（昭和55）年原爆被害者対策基本問題懇談会答申）

1995（平成7）年7月

「原子爆弾被爆者に対する援護に関する法律」（被爆者援護法）施行

　裁判中に施行された原爆医療法は、判決で「この程度のものではとうてい救済・救援にならない。」とされました。また、判決後の原爆特措法も不十分なものであったので、被爆者は運動を進めました。1984（昭和59）年に公表された「原爆被害者の基本要求」は、次のように訴えています。「被爆40周年を迎えるにあたり、被爆者は心の底から訴えます。核戦争起こすな、核兵器なくせ！　原爆被害者援護法を制定を今すぐに！　この願いが実ったとき、被爆者は初めて「平和の礎」として生きることができ、死者たちはようやく、安らかに眠ることができるのです」。

　現在は、「被爆者援護法」が施行されています。

「原子爆弾被爆者に対する援護に関する法律」（被爆者援護法）

　1995年に施行された「被爆者援護法」には次のような前文があります。

　原子爆弾という比類のない破壊兵器は、幾多の尊い生命を一瞬にして奪ったのみならず、たとい一命をとりとめた被爆者にも、生涯いやすことのできない傷跡と後遺症を残し、不安の中での生活をもたらした。（中略）我らは、核兵器の究極的廃絶に向けての決意を新たにし、原子爆弾の惨禍が繰り返されることのないよう、恒久の平和を念願するとともに、国の責任において、原子爆弾の投下の結果として生じた放射能に起因する健康被害が他の戦争被害とは異なる特殊の被害であることにか

んがみ、高齢化の進行している被爆者に対する保健、医療及び福祉にわたる総合的な援護対策を講じ、あわせて、国として原子爆弾による死没者の尊い犠牲を銘記するため、この法律を制定する。

　これを読むと、被爆者に対する「総合的な援護対策」が講じられることになっています。けれども、問題点がいくつもあります。まず、核兵器廃絶は「究極的」とされていることです。「核なき世界」は「永遠の彼方」に追いやられているのです。そして、「国の責任」という言葉はありますが、「原爆裁判」にあった「国家補償」という責任の根拠はあいまいにされています。また、死没者に対しては「尊い犠牲を銘記する」とあるだけで補償の対象とはされていません。更に、「他の戦争被害と異なる特殊の被害」とされていて、「他の戦争被害者」に対する補償を拒否するかのような文脈になっているのです。この法律は「他の戦争被害者」を排除しているだけではなく、被爆者に対しても「国家補償」に基づく補償は不十分なのです。その背景にあるのは「戦争による被害は国民が等しく受忍しなければならない。」という「受忍論」です。
　これは、1980年に公表された原爆被爆者対策基本問題懇談会答申のままです。「受忍論」が被爆者支援政策の根幹に据えられたのです。これはまた、全ての戦争被害者に対する対応策となっているのです。

日本被団協の批判
　この政府の政策について日本被団協は、次のような批判をしています（2001年6月『21世紀被爆者宣言』）。大切な宣言なので少し長く引用します（要旨）。

　日本政府は、戦争による被害を国民はがまん（受忍）するのが当然、という政策をとってきました。原爆被害さえも「受忍」させようとして

49

います。

「原子爆弾被爆者に対する援護に関する法律」においても、国家補償を拒否し、最大の犠牲者である死没者の補償をも拒否しました。

原爆被害は、国が戦争を開始し、その終結を引きのばしたことによってもたらされたものです。国がその被害を償うのは当然のことです。

戦争被害を受忍させる政策は憲法の平和の願いを踏みにじるものです。

国が戦争責任を認めて、原爆被害への補償を行うことは、核戦争被害を「受忍」させない制度を築き、国民の「核戦争を拒否する権利」を打ち立てるものです。この権利は、核時代に「平和に生きる権利」を保障する根幹であり、アジアの人々の犠牲を含め、すべての戦争被害に対する補償制度へ道を開くことになるものだと考えます。

憲法が生きる日本、核兵器も戦争もない21世紀を─。私たちは、生あるうちにその「平和のとびら」を開きたい、と願っています。

日本国政府が戦争責任を認めて原爆被害への国家補償を行い、非核の国・不戦の国として輝くこと。アメリカが原爆投下を謝罪し、核兵器廃絶への道に進むこと─。そのとびらを開くまで、私たち被爆者は、生き、語り、訴え、たたかいつづけます。

日本被団協は、国の受忍論を批判し、「核戦争を拒否する権利」を核時代の「平和的生存権」と位置づけ、「すべての戦争被害者への補償制度」への道を開くとしているのです。日本政府には戦争責任を認めること、アメリカには原爆投下の謝罪と核兵器廃絶を求めているのです。

私は、故池田眞規弁護士（第三代反核法律家協会会長）が生前「被爆者は核時代の預言者である」と言っていたことを思い出します。「被爆者は、時代の人びとに、生き残る道を身をもって示した人類の預言者です。」という言葉は、池田さんが起案した「ノーモア・ヒバクシャ記憶遺産を継承する会」の「核の支配からにんげんの尊厳を取り戻す闘いに

50　「原爆裁判」を現代に活かす!!

勝つための宣言」の一節になっています（「被爆者は、核時代の預言者
である」拙著『「核の時代」と憲法9条』日本評論社、2019年所収）。
　私は、「21世紀被爆者宣言」に接するとき、被爆者運動は、自らの救
済だけではなく、すべての戦争被害者を念頭に置き、核時代における平
和的生存権を展望していること、そして、生あるうちに核兵器も戦争も
ない世界を実現すると決意していることを知るのです。
　私はこの宣言に深い共感と連帯を表明します。そして、「ノーモア・
ヒバクシャ記憶遺産を継承する会」などをとおして、被爆者のたたかい
を継承しなければならないと決意しています。

政府の姑息な態度

　ところで、被爆者は外国人被爆者も含め多くの裁判をたたかってきま
した。なぜ、裁判が必要になるかというと、被爆者の範囲を限定したり、
運用を厳しくして、救済の範囲を狭めようとするからです。国は支援策
を小出しにし、しかもその運用を厳しくするという姑息な態度をとって
いるのです。在外被爆者のケースと原爆症認定と「黒い雨」裁判、あわ
せてビキニ被ばく訴訟についても紹介しておきます。

①外国人被爆者の場合

　まず、外国人被爆者に対する政府の態度です。

孫振斗裁判

　1972年、韓国人被爆者孫振斗さんが、被爆者健康手帳の交付を求めて
福岡県知事を提訴しました。1978年、最高裁は「原爆医療法は、特殊の
戦争被害について戦争遂行主体であった国が自らの責任によりその救済
をはかるという一面をも有するものであり、その一点では実質的に国家
補償的配慮が制度の根幹にあることは、これを否定することができない

のである。」と、孫さんの主張を認め、被爆者健康手帳を交付すべきであるとしました。

　以降、外国に居住している外国人被爆者でも、来日すれば被爆者健康手帳が交付されることになったのです。しかし、厚生省（当時）は「日本国の領域を超えて居住地を移した被爆者には、法律の適用がない。」と通達していて、在外被爆者は、帰国してしまえば、健康診断、病気治療の医療費の給付、健康管理手当等の諸手当の支給が受けられなかったのです。

郭貴勲裁判

　これに対し、1998年、郭貴勲さんが、「国の方針は違法。韓国への帰国後も手帳は有効であり、手当を支給すべきだ。」と大阪地裁に提訴します。2001年、大阪地裁は「帰国後の健康管理手当打ち切り処分を取り消す。賠償金を支払え。」と判決します。国は控訴。2002年大阪高裁は「被爆者援護法は国家補償的性格と人道的目的から、被爆者はどこにいても被爆者という事実を直視せざるを得ない。」と判決しました。国は上告を断念して判決は確定します。

②「原爆症認定訴訟」

　「被爆者援護法」は「当該負傷又は疾病が原子爆弾の傷害作用に起因する旨の厚生労働大臣の認定を受け、当該認定に係る負傷又は疾病の状態にあるものに対し、医療特別手当を支給する。」としていますが、厚労大臣は、ほとんど、被爆者の疾病を原爆に起因するとは認定しなかったのです。2001年当時、政府が広島と長崎の被爆者であると認めている人数は約25万人でした。その中で、原爆症認定を受けているのは１パーセントにも満たない約2200人だけだったのです。25万人の被爆者たち全員が健康を害しているということではありませんが、健康を害している

人が2200人だけということでもありません。少なくない人たちが、癌や
白血病あるいは各種臓器や器官の機能障害に苦しんでいたのです。にも
かかわらず、政府は、これらの被爆者について原爆症と認定しないのです。「被爆者がすべて放射能の影響を受けているわけではない。」という
理由です。政府によると、被爆者ではあるが、放射能の影響を受けた被
爆者と受けない被爆者がいるというのです。できるだけ予算を使いたく
ないというのが本音なのでしょう。

　その厚労大臣の姿勢を裁判所で争ったのが「原爆症認定裁判」です。
この裁判は、被爆者306人が集団で原爆症認定を却下した厚生労働大臣
の処分の取消しを求めた集団訴訟でした。私も、埼玉在住の被爆者Nさ
んの代理人として提訴しました。

　この裁判は2001年から2009年まで争われ、279人が勝訴し、敗訴した
原告27人も一定の補償を獲得するという、画期的成果を上げています。

　（その後も、この条文を活用する訴訟は提起されていますが、政府も
裁判所も厳しい対応をしています。）

　③「黒い雨裁判」
　政府の姑息な態度は、現在進行している「黒い雨裁判」でも言えるこ
とです。「黒い雨裁判」は、被爆者援護法１条三号の「原子爆弾が投下
された際又はその後において、身体に原子爆弾の放射能の影響を受ける
ような事情の下にあった者」に該当するかどうかが争われている裁判で
す。被爆者かどうかが争われているのです。被爆者の認定を受ければ、
健康診断、病気治療の医療費の給付、健康管理手当等の諸手当の支給な
どがあるのです。

　原爆投下後、残留放射線を含む「黒い雨」が降るのですが、その雨に
うたれると被爆することになります。政府は、その雨がどの範囲に降っ
たのかを出来るだけ狭くしようとしているのです。裁判所は政府の主張

を採用しないで救済の範囲を広げようとしていますが、必ずしも十分ではありません。

　司法により救済範囲が拡大されること自体は歓迎すべきですが、その補償は不十分であり、国による画一的な線引きは、被爆者間での分断を進めています。政府は、被爆者や「被爆体験者」の被害に真摯に向き合い、より充実した救済施策を実施すべきでしょう。

　私は、政府のこのような対応を見ていると、政府には進んで被爆者を支援するという姿勢がないように思えてなりません。原爆放射線の特殊性に着目して、被爆者援護は必要だとしていますが、その援護の範囲を極小化しようとするだけではなく、その他の戦争被害者に対しては「受忍論」を根拠に一切の救済を拒否しているのです。戦争責任を自覚しないだけではなく、戦争被害者が絶えてなくなる日を待っているかのようです。「政治の貧困」は解消されていないのです。その根源にあるのは「国王は悪をなさず」と同根の「国家無答責」という発想です。

④ビキニ被ばく訴訟

　原爆投下による被害ではありませんが、米国によるマーシャル諸島での水爆実験により被ばくした船員と遺族による、船員保険の申請を不認定とした全国健康保険協会の処分の取消しと、国に対する損失補償を求める訴訟が2020年に高知地裁に提起されました。

　日本政府と米国政府による政治取引によって、被害の実態が隠されてきたため、疫学的な調査などがなされておらず、被ばくの事実の立証などの点で同訴訟は困難な点も多く含まれていますが、専門家や現地の人びとの協力の下に訴訟が進められています。

　核実験の被害者に対する救済は、核兵器禁止条約においても規定されているところであり、救済の道が閉ざされてはならないことは「原爆投

下被害」と同様です。

私たちに求められる態度

「原爆裁判」が被爆者援護政策を「前進」させたことは間違いないでしょう。けれども、それで十分ということではありません。私たちは「原爆裁判」判決がいう「戦争災害に対しては当然に結果責任に基づく国家補償の問題が生ずる。」という判断を再確認し、内外の被爆者（特に北朝鮮の被爆者は放置されたままです）やその他の戦争被害者（空襲、沖縄、南洋など）と連帯して、政府に対し「結果責任」としての「国家補償」を果たすよう求めていく必要があるのです。

また、核兵器禁止条約第6条は「締約国は、核兵器の使用又は実験により影響を受けた自国の管轄の下にある個人について、適用可能な国際人道法及び国際人権法に従い、年齢及び性別に配慮した援助（医療、リハビリテーション及び心理的な支援を含む。）を適切に提供し、並びにこれらの者が社会的及び経済的に包容されるようにする。」としています。

核兵器禁止条約は、核兵器の禁止と廃絶だけではなく、核兵器の製造や実験による被害者も含め、グローバル・ヒバクシャの救済を求めているのです。

私たちは、「原爆裁判」が指摘している「国家補償」や核兵器禁止条約が規定している「年齢や性別に配慮した援助」を実現しなければならないのです。被爆者支援の課題は山積しているのです。

次に、「原爆裁判」の「核兵器なき世界」に向けた国際法への影響について紹介します。

Ⅲ　「核兵器なき世界」への影響

1　「原爆裁判」の国際的受け止め

「原爆裁判」判決は英訳されました。誰が何のために英訳したかは承知していませんが、判決が英訳されることは珍しいことです。そのことによって「原爆裁判」が外国の研究者や法律家の目に留まることになったのです。ここでは、三例紹介しておきます。

① 米国の国際法学者リチャード・フォークの1965年の「シモダ・ケース、広島及び長﨑に対する原爆投下の法的評価」です。彼は「国際法を扱う特別の経験のない下級審の判断ではあるけれど、法的権威としての価値は、裁判所の理由付けが係争中の問題を分析するに十分な能力を備えた専門家の意見から大きな影響を受けたことにより高められた。」としています（藤田久一『核に立ち向かう国際法』法律文化社、2011年）。

② 国際司法裁判所副所長を務めたクリストファー・ウィラマントリーです。彼は、1996年の「核兵器の使用、使用の威嚇はいかなる場合も合法か」という国際司法裁判所の勧告的意見について「いかなる場合にも違法だ」という意見を述べた人です。彼はこのようなことを言っています。「この事件はそもそもの初めより裁判所の歴史にも例を見ない世界的な関心の的になる問題であった。下田ケースで日本の裁判所に考察されたことはあるが、この問題に関する国際的な司法による考察はなされていない。」（ジョン・バローズ著・浦田賢治監訳『核兵器使用の違法性』早稲田大学比較法研究所叢書、2001年）。

③ 米国の国際法学者フランシス・ボイルです。彼は、先のリチャー

56　「原爆裁判」を現代に活かす‼

ド・フォークのこの論稿を下田判決の重要性を分析した古典的論文として引用しています。その上で、「ヒロシマとナガサキに関する下田判決の教訓は、世界の現在の核政策決定者が自らの行為についての外国政府および自国の国民によって責任を正統性をもって問われ得るという、国際法に基づく効果的な警告になっている。」としています（「ヒロシマとナガサキの教訓」（城秀孝・伊藤勤訳）・浦田賢治編著『原発と核抑止の犯罪性』日本評論社、2012年所収）。

2　国際司法裁判所の勧告的意見

1996年、国際司法裁判所は「核兵器の威嚇または使用はいかなる状況においても許されるか」という国連総会の意見照会に対して勧告的意見を発出しています。その結論は以下のとおりです。

Ａ　慣習国際法にも条約国際法にも、核兵器の威嚇または使用についてのいかなる許可も存在しない。全員一致

Ｂ　慣習国際法にも条約国際法にも、核兵器そのものの威嚇または使用についてのいかなる包括的かつ普遍的な禁止も存在しない。賛成11反対3

Ｃ　国連憲章第2条4項に違反し、かつ、その第51条の全ての要件を満たさない、核兵器を用いての武力による威嚇または武力の行使は違法である。全員一致

Ｄ　核兵器の威嚇または使用は、武力紛争に適用される国際法とりわけ国際人道法の原則および規則の要件、ならびに、核兵器を明示に扱っている条約その他の約束に基づく特定の義務と両立するものでなければならない。全員一致

Ｅ　核兵器の威嚇または使用は、武力紛争に適用される国際法の規則、

そしてとりわけ人道法の規則に一般的に違反するであろう。しかしながら、国際法の現状及び裁判所が利用しうる事実の諸要素から考えると、国家の存亡そのものが危険にさらされている自衛の極端な状況において、核兵器の威嚇または使用が合法であるか違法であるかについては確定的に結論を出すことはできない。7対7で所長の決定投票。

　F　厳重かつ効果的な国際管理の下において、あらゆる点での核軍縮に導く交渉を誠実に遂行し、かつ完結させる義務が存在する。全員一致

　ここで、確認しておきたいことは、勧告的意見は「核兵器の威嚇または使用は、武力紛争に適用される国際法の規則、そしてとりわけ人道法の規則に一般的に違反する。」としていることです。「原爆裁判」は広島と長崎への原爆投下を違法とするものでしたが、ここでは、核兵器の威嚇と使用が違法とされているのです。

　その判断の背景にあるのは核兵器の性質についての認識でした。勧告的意見は核兵器の特性について次のように指摘しています。

　核兵器は潜在的に破滅的なものである。核兵器の破壊力は空間的にも時間的にも閉じ込めておくことはできない。核兵器は、あらゆる文明と地球上の生態系とを破壊する潜在力を持っている。…核兵器の使用は、将来の世代に対する重大な危険となる。イオン化を引き起こす放射線は、将来の環境、食糧および海洋生態系に損害を与え、将来世代の遺伝的欠陥や疾患を引き起こす潜在力を持っている。

　国際司法裁判所も、「原爆裁判」と同様に、核兵器の破壊力に注目しているのです。

　その上で、「核兵器そのものの威嚇または使用についてのいかなる包括的かつ普遍的な禁止も存在しない。」としつつ、「核兵器の威嚇や使用

58　「原爆裁判」を現代に活かす!!

は国際法に違反する。」としているのです。戦闘の方法・手段は無制限ではないとの原則は核兵器にも適用されるし、核兵器の特性からすれば「区別原則」とほとんど両立できないという理由です。これも「原爆裁判」と同様な判断枠組みです。

自衛の極端な場合

けれども勧告的意見は「国家の存亡そのものが危険にさらされている自衛の極端な状況」においては「核兵器の威嚇または使用が合法であるか違法であるかについては確定的に結論を出すことはできない。」としているのです。これは、核兵器使用が違法でない場合があるとことを意味しています。いかなる場合も違法だと考える立場からすれば到底容認できない結論でしょう。

その結論の背景にあるのは「裁判所はここで『抑止政策』として知られている慣行に関し判断を下すつもりはない。裁判所は、多くの国が、冷戦時代の大半の時期に、この慣行を支持し、今なお支持していることに留意する。」という「核抑止論」への配慮です。「いかなる場合も違法」とするウィラマントリーたちの反対意見はありましたが、国際司法裁判所は「核抑止論」の呪縛から免れていなかったのです。

「原爆裁判」はウィラマントリーが指摘するだけではなく、他の裁判官や政府代表などによって言及されており、国際司法裁判所に影響を与えていました。けれども、勧告的意見は、核兵器の威嚇や使用を一般的に国際法違反とし、加えて、核兵器不拡散条約（NPT）6条の核軍縮義務について「核軍縮に導く交渉を誠実に遂行し、かつ完結させる義務」として一歩踏み込んでいますが、このような限界があったことも指摘しておきます。

それはそうなのですが、「原爆裁判」に影響を受けている「勧告的意見」は、現実の裁判で引用されているのです。その事例を紹介しておきます。

「トライデント・プラウシェア2000」の活動

1999年6月、反核運動「トライデント・プラウシェア2000」の活動家であるアンジー・ゼルダー他二人が、スコットランドにある英国のトライデント搭載潜水艦の関連施設（「メイタイム」）に侵入し、家庭用ハンマーで機器類を壊して湖に捨ててしまうという事件がありました。ちなみに、トライデントは複数の弾頭を搭載した潜水艦発射型のミサイル、プラウは鋤を意味しています。彼女たちは、ミサイルを鋤に変える運動をしていたのです。

この事件の被告人たちは「勧告的意見」を援用して無罪を主張しました。

「国際司法裁判所の勧告的意見は、核兵器に関連する国際法の法源に関して極めて明瞭である。広島・長崎の犠牲者のために提起された唯一の事例が下田事件で、原爆投下は国際法に違反し、実質的に戦争犯罪であったことを肯定したことに留意しておくことがよいであろう。私は、この勧告的意見に照らして、トライデントが違法でないと証明する責任は訴追側にあると主張する」。

陪審員と裁判官は、この主張を入れて、無罪判決を出したのです。

「核の使用が国際司法裁判所が示した何れかの厳格なカテゴリーに当てはまるとの政府当局者による何らの説明がない状況では、トライデントの威嚇や使用は脅威と解されるし、現に他国によって脅威と解されているので、従ってこれは国際法および慣習法違反である。大きな違法行為を止める行為は処罰されるべきではない。被告人らは、犯罪的意図を

60　「原爆裁判」を現代に活かす!!

もって行動していない。よって、無罪である。」

このエピソードについては『アンジー・ゼルターという女性』と題する補論として本書に収録してあるので参照してください。

3　核兵器禁止条約による「核抑止論」の克服

核兵器禁止条約（TPNW）が採択されるのは2017年です。2021年に発効しています。
その前文には次の文言があります。

核兵器のいかなる使用もそれがもたらす壊滅的な人道上の結末を深く憂慮し、その結果として核兵器が完全に廃絶されることが必要であり、このことがいかなる場合にも核兵器が決して再び使用されないことを保証する唯一の方法である。

核兵器使用の危険性

「核兵器のいかなる使用も」というのは、意図的な使用だけではなく事故や誤算による使用も含まれます。歴史的には、意図的使用の危険性も、事故や誤算による核兵器発射の危険性はあったのです。決して、仮定の話などではありません。現在も、プーチン・ロシア大統領などによって核兵器使用の威嚇は行われています。米国の科学誌「Bulletin of the Atomic Scientists（ブレティン・オブ・ジ・アトミック・サイエンティスツ、原子力科学者会報）」は、核兵器使用の危険性は1947年以降最高に高まっていると指摘しています。人類社会の終末まで「90秒」だというのです。
核兵器の誤発射が起きない保証はありません。間違いを犯さない人間はいないし、壊れない機械はないからです。グテーレス国連事務総長は

核兵器が使用されなかったのは「単にラッキーだっただけ。ラッキーは戦略ではない。」としています。

「核兵器こんな男が持つボタン」

これは私の好きな川柳の一つです。「ラッキーだった」とする説の補強のためエピソードを紹介しておきます。

ネタ元は、クリントン政権時代（1993年～2001年）の国防長官ウィリアム・ペリー氏です。

トランプ大統領は電話一本で、数分以内に、1千発もの核兵器を発射できる。それぞれが広島型原爆の何倍もの破壊力を持っている。文明の終わりになるだろう。ミサイルはいったん発射されれば取り消せない。トランプ大統領にとって、核戦争を始めることは、ツイート一つ送信するのと同じくらい簡単だ。

ニクソン大統領は酒浸りだったし、ケネディ大統領は鎮痛剤を常用していて、思考が朦朧とすることがあった。レーガン大統領はホワイトハウスにいた時からアルツハイマーの兆候があった（ウィリアム・ペリー他著・田井中雅人訳『核のボタン』朝日新聞出版、2020年）。

核兵器が使用される危険性は客観的には存在しているのです。その危険性をスルーするのは自殺行為でしょう。

核兵器使用の危険性の事例については、巻末の資料に整理しておいたので参照してください。

「壊滅的人道上の結末」

「壊滅的人道上の結末」について核兵器禁止条約は次のように定義しています。

適切に対処できないこと、国境を越えること、人類の生存、環境、社

会経済的な発展、世界経済、食料の安全及び現在と将来の世代の健康に
重大な影響を与えること、並びに女性及び少女に不均衡な影響（電離放
射線の結果としての影響を含む。）を及ぼすこと。

　「原爆裁判」訴状の「原爆の加害影響力は人類の滅亡さえも予測せし
める」という表現や勧告的意見の「核兵器はあらゆる文明と地球上の生
態系とを破壊する」という表現と通底しているのです。少しずつ具体的
表現になっていることを確認しておきましょう。

　そして、核兵器禁止条約は、このような結末を避けるためには「核兵
器を完全に廃棄することが唯一の方法」としているのです。ここでは
「自衛の極端な状況」については触れられていません。核兵器の廃棄が
決意されているのです。核抑止論は克服されているのです。

国際法違反の確認
　核兵器禁止条約は次のようにも言います。
　戦闘の方法及び手段を選ぶ権利は無制限ではないという原則、区別の
規則、無差別攻撃の禁止、攻撃の際の均衡性及び予防措置の規則、その
性質上過度の傷害又は無用の苦痛を与える兵器を用いることは禁止され
ているという規則並びに自然環境を保護する規則に立脚し、核兵器のい
かなる使用も武力紛争に適用される国際法の規則、特に国際人道法の原
則及び規則に違反する。

　要するに、核兵器のいかなる使用も「無差別攻撃の禁止」、「過度の傷
害の禁止」、「自然環境の保護」などの国際法特に国際人道法に違反する
というのです。「原爆裁判」の判決や勧告的意見の判断枠組みと同じな
のです。

63

1963年の「原爆裁判」は、1996年の国際司法裁判所の勧告的意見を経由し、2017年採択の核兵器禁止条約へと継承されているのです。その核兵器禁止条約は2021年1月に発効しています。

そして、2024年9月25日現在、署名94か国、批准73か国、加盟国4か国となっています（国連加盟国は193）。国際社会は、核抑止論を克服し、「核兵器なき世界」を実現するための法的枠組みを作り出し、それを運用しているのです。ここに、「原爆裁判」以降の「核兵器に挑戦する国際法」の発展を確認することができます。次に、その運用状況について考えてみましょう。

4　核兵器禁止条約締約国会議の到達点

2023年11月27日から12月1日の間、ニューヨークで開催された核兵器禁止条約第2回締約国会議は「核兵器の禁止を支持し、核兵器の破滅的な結末を回避する我らのコミットメント」（「政治宣言」）を採択しました。この「政治宣言」は締約国の決意が確認できるだけではなく、核兵器保有国や依存国との乖離を物語っています。核兵器禁止条約は「核兵器のない世界」を実現するための「法的枠組み」ですが、「核兵器のない世界」は核兵器保有国の意思を無視しては実現しません。いずれにしても、核兵器廃絶をめぐる状況を知ることは不可欠の作業と思うので、少し詳しく紹介します（全文は巻末に資料として掲載）。

「政治宣言」の状況認識

「政治宣言」は、現在の核をめぐる情勢について次のように言います。

核のリスクは、軍事態勢とドクトリンにおいて核兵器が強調され続け、その重要性が増し、核兵器の質的近代化と量的増加が進行し、そして緊張が高まることによって、特に悪化している。人類は「世界的な核の破局」に近づいている（8項）。

64　「原爆裁判」を現代に活かす‼

「世界的な核の破局」という言葉は「全人類にとっての惨害」（NPT前文）や「壊滅的な人道上の結末」（TPNW前文）と共通する用語です。

そして、核兵器の「壊滅的な人道上の結末」に対する深い懸念を再確認しています。

「適切に対処することができず、国境を越え、人間の生存と福祉に重大な影響をもたらし、生命に対する権利の尊重とは相いれないこと」などです（9項）。

これは、TPNWの前文の確認です。この一節は「TPNWの創設を促し、その実施を導いている原動力」であり、「全ての軍縮政策の中心」に据えられなければならないとされています（10項）。

このように、「政治宣言」は、「世界的な核の破局」が近づいているとの情勢認識を示しているのです。

核兵器が存在し続けることの意味

「政治宣言」は次のように言います。

核兵器が存在し続けることと軍縮に有意義な進展がないことは、全ての国の安全を損ない、国際的な緊張を悪化させ、核の破局のリスクを高め、人類全体に存亡の危機をもたらしている。核兵器の使用に対抗する唯一の保証は、その完全な廃絶と、核兵器が再び開発されることはないという法的拘束力のある保証である（13項）。

核兵器が存在し続けることが「人類全体に存亡の危機」をもたらしているので、その完全廃絶が求められるとしているのです。

核兵器使用の威嚇について

「政治宣言」は次のように言います。

私たちは、核兵器を使用するとの威嚇とますます声高になる核のレトリックを深く憂慮し、断固として非難する。私たちは、核兵器のいかな

る使用も使用の威嚇も、国際連合憲章を含む国際法の違反であることを強調し、さらに核兵器のいかなる使用も国際人道法に反することを強調する。そのような威嚇は、軍縮・不拡散レジームおよび国際の平和と安全を損なうものでしかない（14項）。

　私たちは、核兵器に関しては、核のレトリックを正常化しようとする試みといわゆる「責任ある」振る舞いという考えを拒否する。大量破壊をもたらすという威嚇は、人類全体の正当な安全保障上の利益に反するものである。これは危険で、誤った、受け入れられない安全保障へのアプローチである。核の威嚇は容認されるべきではない（15項）。

　「政治宣言」は、核兵器使用の威嚇は「人類全体の正当な安全保障上の利益に反する」と断言しているのです。

核抑止論の役割

　そして、核抑止論については次のように結論しています。

　核兵器は、平和と安全を守るどころか、強制、威嚇、緊張の激化につながる政策の道具として使われている。核抑止を正当な安全保障ドクトリンとして改めて提唱し、主張し、正当化しようとする試みは、国家安全保障における核兵器の価値に誤った評価を与え、危険なことに核兵器の水平的および垂直的拡散のリスクを高めている（17項）。

　軍事および安全保障上の政策として、核抑止が永続し実施されることは、不拡散を損ない、それに反しているだけではなく、核軍縮に向けた前進も妨害している（19項）。

　核抑止を「安全保障のドクトリン」とすることは、核兵器拡散のリスクを高め、核軍縮を妨害するとしているのです。この指摘は、核抑止を理由として、核兵器を持とうとする国が後を絶たないこと（水平的拡

散）や核兵器国が「使用できる核兵器」の開発競争をしていること（垂直的拡散）や核軍縮が停滞している現実を反映しているのです。

　以上みてきたように、「政治宣言」は、核兵器を保有し、核兵器使用の威嚇を継続する核抑止論は、人類全体に存亡の危機をもたらし、国際連合憲章を含む国際法に違反し、軍縮・不拡散レジームおよび国際の平和と安全を損ない、「人類全体の正当な安全保障上の利益に反する」としているのです。

　第1回締約国会議での核抑止論についての表現は、「無数の生命、社会、国家を破壊し、地球規模の壊滅的結末をもたらす危険性を持っている。」というものでしたが、今回の「政治宣言」においては、「安全保障」の在り方に踏み込んで、核抑止論を批判していることに注目しておきたいと思います。

5　私たちの課題

　ところで、日本政府は、核兵器保有国と同様に、核兵器禁止条約を敵視しています。その理由は、核兵器禁止条約が「核抑止論」を否定しているからです。日本政府は、厳しい安全保障環境の下で、自国の防衛力を強化するだけではなく、米国の「核の傘」に依存しなければならない、「拡大核抑止力」の強化が必要だとしています。それを否定する核兵器禁止条約は、国家の安全を守れない。国家の安全が確保されていないと国民の命と財産を危うくするという論理です。「唯一の被爆国」だと言いながら、「唯一の核兵器使用国」の核兵器に依存しているのです。この姿勢は「原爆裁判」当時から変わっていないのです。

　政府がこの姿勢をとり続ける限り、核兵器禁止条約への署名や批准はありえないでしょう。締約国会議へのオブザーバー参加もないでしょう。参加するとしても、核兵器禁止条約を否定するための参加でしょう。政

府の核兵器禁止条約敵視の姿勢は牢固としたものであることを軽視してはなりません。

核兵器に依存しながら核兵器廃絶をいうことは矛盾です。だから、政府のいう「核なき世界」はいつ来るか不明な「究極の目標」となるのです。そのことを再確認しておきましょう。

私たちは、そういう政府と対抗しながら核兵器禁止条約の普遍化を図らなければならないのです。

そうすると、私たちの当面する課題は、政府は「核なき世界」を言うけれど、それは核兵器がなくても自国の安全保障が確保された時とするもので「今はなくさない」としていることを誰にでも理解できるように知らせることです。「核なき世界は私のライフワーク」という言葉の欺瞞性を暴くことです。

そのことに説得力を持たせるためには、核抑止論の虚妄と危険性を拡散することです。そのための一つの有効な作業が核兵器禁止条約の締約国会議での成果を活用することです。核抑止論について最も進んだ議論をしているからです。私たちは、核抑止論を克服するための作業を継続しなければならないのです。ほか、拙稿「『核抑止論』の虚妄と危険性」（拙著『「核兵器も戦争もない世界」を創る提案』学習の友社、2021年所収）を参照してください。

そして、もう一つは、憲法9条誕生の背景を知ることです。反核と非軍事平和とをリンクして考えることです。憲法9条は「核の時代」の申し子だからです。

Ⅳ　憲法9条の背景にある事情

「原爆裁判」では憲法論も議論されていました。けれども、憲法9条

の背景にあった事情について何も語られていません。もちろん、「原爆裁判」は核被害の凄惨さを動機の一つにしていますから、9条が念頭にあったことは当然のことでしょう。

　その上で、私がここで9条の背景を紹介するのは、9条の擁護や世界化を進める人たちの中にも「核兵器廃絶」のテーマが共有されていなかったり、逆に「核兵器廃絶」を主張する人たちの中で9条の擁護や世界化が共有されていなかったりする場面に出会うからです。

　そこでここでは、日本国憲法が公布された1946年11月当時の政府の9条についての見解を紹介することから始めます。

1　日本国憲法公布時の政府見解

　一度び戦争が起れば人道は無視され、個人の尊厳と基本的人権は蹂躙され、文明は抹殺されてしまう。原子爆弾の出現は、戦争の可能性を拡大するか、又は逆に戦争の原因を終息せしめるかの重大な段階に到達したのであるが、識者は、まず文明が戦争を抹殺しなければ、やがて戦争が文明を滅ぼしてしまうことを真剣に憂えているのである。ここに於いて本章（二章・9条）の有する重大な積極的意義を知るのである。

　侵略戦争否認の思想を、憲法に法制化した例は絶無ではない。…しかし、我が新憲法のように、大胆に捨て身となって、率直に自ら全面的に軍備の撤廃を宣言し、一切の戦争を否定したものは未だ歴史にその類例を見ないのである。

　これは、1946年11月法制局閲・内閣発行の『新憲法の解説』の文章です。政府による「新憲法」について最初の解説書です（第二章の解説は資料として167頁に掲載しておきます）。当時は、占領下にありましたからGHQ（連合国軍最高司令官総司令部（司令官ダグラス・マッカーサ

69

一元帥）の検閲がありました。政府は、GHQの承認のもとに、この解説書を作成していたのです。それは、GHQもこのような憲法解釈をしていたことを意味をしています。

　吉田茂首相（当時）は「新日本建設の基礎となる新憲法は、国民の真摯なる熱意と自由なる意思により、第九十議会を通じて成立した。」と序を寄せています。彼は「米国に押し付けられた」などとは言っていませんでした。金森徳次郎憲法担当大臣は「…国民諸君が速やかにこの憲法の本体に親しみ、これと融合し、いわばこれと一体となり、歴史の導く新たな段階に、全身を歓喜に奮わせて、突入せられんことを希望してやまない。」との序を書いています。「新憲法」を国民に普及しようとする熱意が伝わってきます。

　当時の政府は「戦争は文明を抹殺する」としたうえで、9条の「重大な積極的意義」を「文明が戦争を抹殺しなければ、やがて戦争が文明を滅ぼしてしまう」のでそれを避けるためとしているのです。その理由として「原子爆弾の出現」を挙げているのです。
　「核の時代」になったので、戦争をなくさなければ文明が滅びてしまうので、9条を創ったのだとしているのです。しかも、その戦争とは「侵略戦争」だけではなく「一切の戦争」を否定するとしているのです。「自衛戦争」は認められるなどとはしていないのです。そのための「最小限度の実力」などという留保もないのです。憲法9条の文理のままの解説が行われているのです。私はこの憲法理解こそが原点に置かれるべきであると考えています。

　核兵器が使用されれば「人類の滅亡」（「原爆裁判」訴状）、「全人類の惨害」（NPT）、「将来の世代に対する重大な危険」（勧告的意見）、「壊滅

70　　「原爆裁判」を現代に活かす!!

的人道上の結末」（TPNW）が訪れることになるので、核兵器の使用禁止や核兵器の廃絶を求めて、国際法が発展したことは、ここまで見てきたとおりです。けれども、わが国は、既に、1946年11月に、このような核兵器だけではなく、一切の戦力を放棄する憲法規範を制定していたのです。私たちは、改めてその先駆性を噛みしめる必要があるでしょう。

　私はここに「核の時代」における憲法規範の模範例を見ています。最初の被爆国で最初の「核の時代の憲法」が生まれていたのです。私たちの先人は核兵器と対抗する知恵を持っていたのです。

　「死であり破壊者」である核兵器と対抗するためにはそれと対峙できるだけの力が必要です。それは憲法や法律といった理性的な力でなければならないことは明らかです。「力の支配」から「法の支配」への転換です。現代の立憲主義は核兵器を制御しなければならないのです。その試みに失敗した時、私たちは核戦争によって滅ぼされることになるでしょう。それは、誰でもが想像できる事態なのです。核兵器使用禁止は「天地の公理」ですから、その「公理」が破綻した時、天地は崩壊することになるのです。

2 「制憲議会」での論争

　この政府の見解は一朝一夕に形成されたものではありません。「新憲法の解説」で識者とされている幣原喜重郎を先頭に、政府は非軍事平和の必要性を説いていたのです。自衛戦争も含む一切の戦争を放棄するだけではなく、一切の戦力も交戦権も否定する「平和憲法」が圧倒的多数（日本共産党は反対）で成立したことは周知のとおりです。

　戦争放棄に関するエピソードをひとつ紹介しておきます。
　共産党の野坂参三議員が「侵略戦争は不正の戦争だが、自国を守るた

71

めの戦争は正しいと言っていいと思う。憲法草案においても戦争を全面的に放棄する必要はない。侵略戦争に止めるべきではないか。」と衆議院本会議で質問しています。

吉田茂首相は「国家正当防衛権による戦争は正当なりとせらるるようであるが、私はかくの如きことを認むることは有害であると思う。近年の戦争の多くが、国家防衛権の名において行われたことは顕著なる事実である。ゆえに正当防衛権を認むることは、戦争を誘発するゆえんであると思う。」と答弁していました。

吉田氏はこのことを「共産党の首脳の一人たる野坂君が右のような議論をしていることは、なかなか興味がある。」と振り返っています（前掲『回想十年』）。当時、共産党は「非軍事平和主義」には反対しており、政府は「自衛戦争」も否定していたのです。現在、共産党は非軍事平和主義の立場から９条の擁護と全面実施を主張しています。他方、吉田氏の後継者たちは、「個別的自衛権」だけではなく「集団的自衛権」を含む「自衛権行使」による「敵基地攻撃」にまで踏み込んでいるのです。歴史とは一筋縄では理解できないことがよくわかる事例です。

当時の政府と国会は「平和を愛する諸国民の公正と信義」を信頼し、「一切の戦力」を放棄し、「政府の行為によって、再び、戦争の惨禍」が起きないように決意して「平和憲法」を制定したのです。そこにあるのは、全世界の国民に恐怖と欠乏から免れ、平和のうちに生存する権利があるという思想です。私は、当時の政府の姿勢に全面的に賛同しています。そして、未来にも活かしたいと決意しています。

3　幣原喜重郎の平和論

ところで、「新憲法の解説」で識者とされているのは幣原喜重郎（1872（明治5）年～1951（昭和26）年）です。彼は憲法9条誕生に大きくか

72　「原爆裁判」を現代に活かす!!

かわった人です。憲法9条の発案者は幣原なのか、それとも連合国軍最高司令官のマッカーサーなのかが論争の対象となっているほどです。幣原は、「制憲議会」において多くの答弁をしています。また、自らの「新憲法」に対する思いも「聞き書き」という形ですが残しています。ここでは、彼の貴族院での答弁の一例を紹介し、あわせて、彼の平和論について、少し詳しく触れることとします。

　幣原の答弁（要旨）
　我々は今日、広い国際関係の原野に於きまして、単独にこの戦争放棄の旗を掲げて行くのでありますけれども、他日必ず我々の後についてくるものがあると私は確信しているものであります。原子爆弾というものが発見されただけでも、戦争論者に対して、再考を促すことになっています。日本は今や、徹底的な平和運動の先頭に立って、この一つの大きな旗を担いで進んで行くのであります。即ち戦争を放棄するということになると、一切の軍備は不要になります。軍備が不要になれば、我々が従来軍備のために費やしていた費用はこれもまた当然に不要になるのであります（『官報』より。一部ひらがなに改めている）。

　この答弁は『新憲法の解説』の表現とよく似ていることに気がつかれるでしょう。幣原は、「原子爆弾の発見」に着目し、「徹底的な平和運動の先頭に立つ」決意表明をしているのです。その背景にあるのは、「戦争を放棄するのであれば軍備が不要になる。」という単純明快な論理でした。次に彼の平和論を紹介しておきます。

　前提となる事実
　前提として、幣原とマッカーサーのことに触れておきます。
　マッカーサーは、広島への原爆投下の直前まで核兵器が開発されてい

ることを知らされていなかったようですが、広島原爆について「かつて見たこともない恐るべき爆発力を発揮した。広島市はほとんどあますところなく、一面の廃墟と化した。」とし、長崎原爆について「長崎の十万の市民は、一瞬のうちに地獄図絵のうちに死んでいった。」と回顧しています。

　その彼は、1946年1月24日、当時の首相であった幣原と会談しています。その際に、マッカーサーは幣原に「戦争を時代遅れの手段として廃止することは私の夢だった。」ということと、「原子爆弾の完成で私の戦争を嫌悪する気持ちは当然のことながら最高度に高まった。」と語りかけています。これに対する幣原の反応は、感極まるという風情で、顔を涙でくしゃくしゃにしながら、私の方を向いて「世界は私たちを非現実的な夢想家と笑いあざけるかもしれない。しかし、百年後には私たちは予言者と呼ばれます。」と言ったとされています（（『マッカーサー大戦回顧録』中公文庫、2014年）。

　そして、マッカーサーは、1951年5月5日の上院軍事外交合同委員会で、「日本人は、世界中のどこの誰にもまして原子戦争がどんなものか了解しています。…彼らは自分の意見でその憲法の中に戦争放棄条項を書き込みました。…（幣原）首相が私のところに来て長い間考えた末、この問題に対する唯一の解決策は戦争をなくすことだと信じますと言ったのです。」と証言しています。

　1946年1月24日、マッカーサーと幣原が、原子爆弾を念頭に、戦争の廃棄を語り合ったことは事実なのです。それでは、幣原の平和主義とはどういうものだったのでしょう。

幣原の平和主義

　幣原とマッカーサー会談についての記録はありません。公式な訪問ではなかったからです。けれども、その内容については「平野文書」（幣

原の側近であった平野三郎氏が1951年に幣原から聞き取った記録）に残されています。その概要を紹介しておきます。ここでは、議会答弁とは一味違う幣原の平和観に触れることができます。

軍隊のない丸裸のところへ敵が攻めてきたらどうする

これは、平野氏の幣原に対する問いかけです。

幣原の答は「それは死中に活だよ。一口に言えばそういうことになる。」です。

幣原の答の大前提は、戦争と戦力の放棄です。「原子爆弾が出来た以上、世界の事情は根本的に変わった。何故ならこの兵器は今後更に進化する。次の戦争は交戦国の都市がことごとく灰燼に帰すだろう。各国は戦争をやめることを考えなければならない。戦争をやめるには武器を持たぬことが一番の保証だ。」というものです。

理屈はそのとおりだと思います。けれども、これでは、丸裸のところに敵が攻めてきたらどうするという不安に答えたことにはならないでしょう。

更に、幣原は非武装宣言について次のように言います。

「非武装宣言ということは、従来の観念からすれば全く狂気の沙汰である。だが今では正気の沙汰とは何かということである。武装宣言が正気の沙汰か。それこそ狂気の沙汰だという結論は、考えに考え抜いた結果もう出ている。要するに世界は今一人の狂人を必要としているということである。世界史の扉を開く狂人である。」

幣原は「武装宣言」こそが狂気の沙汰であり、軍拡競争から抜け出ようとする「非武装宣言」こそが世界史の扉を開くとしているのです。当時の首相はここまで考え抜いていたのです。現代日本の首相の底の浅さが残念でなりません。

また幣原はこうも言っています。

「世界平和を可能にするには、何らかの国際的機関が世界同盟とでも
いうべきものに発展し、その同盟が国際的に統一された武力を所有して
世界警察としての行為を行う外はない。このことは理論的には昔から分
かっていたことであるが、今まではやれなかった。しかし原子爆弾が出
現した以上、いよいよこの理論を現実に移す秋がきたと僕は信じた訳
だ。」

幣原は、世界連邦を展望し、軍事力を集中した上で、世界警察として
行動するとしています。日本が軍隊を持たないだけではなく、世界から
も軍隊をなくすという発想です。

幣原の原爆観

幣原は、原子爆弾について「異常に発達した武器」、「悪魔」などとし
ています。

「僕は第九条によって日本民族は依然として神の民族だと思う。何故
なら武力は神でなくなったからである。神でないばかりか、原子爆弾と
いう武力は悪魔である。日本人はその悪魔を投げ捨てることによって再
び神の民族になるのだ。すなわち日本はこの神の声を世界に宣言するの
だ。それが歴史の大道である。」

幣原は、「神の声」という言葉を、原子爆弾という悪魔を投げ捨てる
だけではなく、武力の放棄という意味で使用しています。武力で問題を
解決しようとすれば、果てしない軍拡競争の結果、「集団自殺の先陣争
いと知りつつも、一歩でも前へ出ずにはいられない鼠の大群と似た光景
が出現する。」と考えたからです。

幣原はさらに思考を進めます。

「原子爆弾が登場した以上、次の戦争が何を意味するか、各国とも分

るから、軍縮交渉は行われるだろう。だが交渉の行われている合間にも各国はその兵器の増強に狂奔するだろう。連鎖反応は連鎖反応を生み、原子爆弾は世界中に拡がり、終りには大変なことになり、遂には身動きもできないような瀬戸際に追いつめられるだろう。それが軍拡競争の果ての姿であろう。要するに軍縮は不可能である。絶望とはこのことであろう。もし軍縮を可能にする方法があるとすれば一つだけ道がある。それは世界が一斉に一切の軍備を廃止することである。」

幣原はその経歴からして外交の裏の裏まで知っている人です。その彼が、「軍縮は不可能である。」といっているのです。その絶望の果てにたどり着いた結論が「世界が一斉に一切の軍備を放棄する。」ということです。もちろん幣原はそれが不可能なことは百も承知していました。その時の心境を次のように語っています。

「一、二、三の掛声もろとも凡ての国が兵器を海に投ずるならば、忽ち軍縮は完成するだろう。勿論不可能である。それが不可能なら不可能なのだ。ここまで考えを進めてきた時に、第九条というものが思い浮かんだのである。そうだ。もし誰かが自発的に武器を捨てるとしたら―。最初それは脳裏をかすめたようなものだった。次の瞬間、直ぐ僕は思い直した。自分は何を考えようとしているのだ。相手はピストルをもっている。その前に裸のからだをさらそうと言う。何と言う馬鹿げたことだ。恐ろしいことだ。自分はどうかしたのではないか。若しこんなことを人前で言ったら、幣原は気が狂ったと言われるだろう。正に狂気の沙汰である。」

幣原はその「狂気」を自覚していたのです。

核兵器は戦争を抑制するか
ところで、幣原はこんなことも言っています。
「恐らく世界にはもう大戦争はあるまい。勿論、戦争の危険は今後む

しろ増大すると思われるが、原子爆弾という異常に発達した武器が、戦争そのものを抑制するからである。第二次大戦は人類が全滅を避けて戦うことのできた最後の機会になると僕は思う。如何に各国がその権利の発展を理想として叫び合ったところで第三次世界大戦が相互の破滅を意味するならば、いかなる理想主義も人類の生存には優先しないことを各国とも理解するからである。」

　幣原は、核兵器を悪魔とする一方で「核兵器は戦争そのものを抑制する」とも言うのです。第三次世界大戦は相互の破滅を意味するから、いかなる理想主義も人類の生存には優先しないことを各国が理解するからというのがその理由です。

　この幣原の話は1951年です。ソ連の原爆保有と中華人民共和国の建国は1949年です。既に朝鮮戦争は勃発しています。彼は、この時期に「大戦争はない。」と予言していたのです。この発言は、あたかも核兵器が大戦の発生を阻止しているとする「核抑止論者」と同様な主張のように聞こえるのです。

　では、この幣原の発言と「核抑止論者」の主張は同じなのでしょうか。「核兵器が存在するので大戦は起きない。」とする部分に着目すれば、同様の主張だと見えなくもありません。けれども、幣原の主張の根拠は、「第三次世界大戦が相互の破滅を意味するならば、いかなる理想主義も人類の生存には優先しないことを各国とも理解するからである。」というものです。他方、核抑止論者の主張は、自国を攻撃すれば核兵器で反撃されて手ひどい損失を被ることになるから攻撃をやめよという、相手国に恐怖心を与えて、その行動を制約するという「理論」です。幣原の論立ては「いかなる理想主義も人類の生存には優先しない。」というイデオロギー対立による大戦の愚かさを説くものであり、「核抑止論」は恐怖に基づく均衡をその論拠とするものであって、その違いは、抑制と

78　　「原爆裁判」を現代に活かす!!

抑止という用語の違いにとどまらず、本質的なのです。そのことは、幣原のこのような発言で確認できるのではないでしょうか。

「世界はここ当分資本主義と共産主義の宿敵の対決を続けるだろうが、イデオロギーは絶対的に不動のものではない。それを不動のものと考えることが世界を混乱させるのである。未来を約束するものは、絶えず新しい思想に向って創造発展して行く道だけである。

何れにせよ、ほんとうの敵はロシアでも共産主義でもない。このことはやがてロシア人も気づくだろう。彼らの敵もアメリカでもなく資本主義でもないのである。世界の共通の敵は戦争それ自体である。」

ここには、「恐怖による均衡」などという発想の痕跡すらありません。幣原の抑制論と核抑止論とは全く異なる価値と論理で形成されているのです。

そのことを前提としたうえで、私は幣原の「核兵器が戦争そのものを抑制する。」という結論には異議を唱えておきます。核戦争が勃発しなかったのは、核戦争に反対する被爆者を先頭とする反核平和運動の存在もあったし、偶然が重なっただけで、核兵器が存在したからという論理は牽強付会だからです。核兵器を悪魔としておきながら「大戦を阻止する」効能があるような主張は矛盾しているのです。

元帥は簡単に承知されたのですか

平野のこの質問は重要です。連合国軍最高司令官マッカーサー元帥の同意がなければ、何事も進まない時代だったからです。幣原がどのような理想を持とうが「元帥の承知」なしでは事態は一歩も進まないのです。9条の発案者は幣原だとしても、マッカーサーがそれに同意しなければ、日本国憲法9条が誕生しなかったことは明らかです。平野がこの質問をするのは当然でしょう。この質問に対する幣原の答えはこうです。

「マッカーサーは非常に困った立場にいたが、僕の案は元帥の立場を打開するものであるから、渡りに船というか、話はうまくいった。しかし、第9条の規定には彼も驚いていたようだ。元帥が躊躇した大きな理由は、アメリカの戦略に対する将来の考慮と、共産主義に対する影響の二点であった。それについて僕は言った。日米親善は必ずしも軍事一体化ではない。日本がアメリカの尖兵となることが果たしてアメリカのためなのであろうか。原子爆弾はやがて他国にも波及するだろう。次の戦争は想像に絶する。世界は亡びるかもしれない。世界が滅びればアメリカも滅びる。問題はアメリカでも、ロシアでも日本でもない。問題は世界である。」

　ここで幣原は、1946年1月24日のマッカーサーとの会談の様子を語っているのです。語っているのは1951年2月下旬だから第9条という言葉で語られているのです。「日米親善は必ずしも軍事一体化ではない」、「問題は世界だ」と喝破する幣原の言葉は痛快です。ぜひ、自衛隊の幹部学校や外務省の研修所で徹底して欲しいと思えてなりません。

　ところで、私がここで注目するのは、幣原が、マッカーサーのためらいはアメリカの対日戦略と共産主義に対する影響としていることです。
　当時、マッカーサーは、天皇を利用しての占領が効率的と考えていました。他方、ソ連やオーストラリアは天皇の処分を求めていたようです。それがマッカーサーの「非常に困った立場」という意味です。そこに、幣原が戦争の放棄だけではなく、一切の戦力も持たないという案を言い出したのです。それはまさに「渡りに船」と言えるでしょう。日本軍国主義の復活がないことの保証と天皇を残すこととの取引が成立するのであれば、マッカーサーはその思惑を実現できるからです。もちろん、天皇に対する忠誠心に富む幣原の望むところでもあります。

80　　「原爆裁判」を現代に活かす!!

他方、1946年当時、ソ連は核兵器を持っていないし、中華人民共和国は存在していません。国共内戦で蒋介石が勝利すれば、中国大陸の共産化はありません。だとすれば、日本軍をアメリカの補完勢力としなければならない理由もなくなります。「日本軍はいらない。沖縄を確保しておけば足りる」。このように考えて、マッカーサーは、対日戦略と共産主義への対応という2点についてのためらいを払拭し、幣原の「核の時代における世界の在り方」を受け入れたのではないでしょうか。私はこれを世界史の大きな画期と受け止めています。

　9条の命運
　幣原とマッカーサーの傑作である9条は、まだヨチヨチ歩きであった頃から大きな試練にさらされることになります。1949年、ソ連の原爆保有と中華人民共和国の成立です。それに加えて、朝鮮戦争の勃発です。マッカーサーは国連軍の最高司令官として北朝鮮と中国に対峙することになります。彼は、その戦線で原爆の使用を計画します。「30発から50発の原爆を満州の頸状部に投下すれば、10日以内に勝利できる」、そうすれば「少なくとも60年間は北から朝鮮を侵攻する余地がなくなる」という発想です。「北からの侵攻」阻止とはソ連と樹立されたばかりの中華人民共和国の脅威との対抗を意味しています。他方、日本に対して、警察予備隊の発足を指令しました。憲法9条の骨抜きの始まりです。

　幣原と手を取り合って非軍事の日本を実現しようとしていたマッカーサーに何が起きたのでしょうか。マッカーサーは「現在生きている人で、私ほど戦争とそれが引き起こす破壊を経験した者はいないだろう。…原子爆弾の完成で、私の戦争を嫌悪する気持ちは当然のことながら最高に高まっていた。」と述懐しています。その彼が、原爆使用をためらわなかったし、日本軍復活を指示したのです。私は彼の反共意識にその一因

があると考えています。

彼は反共主義者を自認していました。その理由は「共産主義者は神を信じないし自由を認めないから」というものでした。

彼は、原爆の威力を知りながら、その中華人民共和国内での使用を本気で考え、日本国内では日本軍の再建に乗り出したのです。彼は「日本がアメリカの尖兵となることが果たしてアメリカのためなのであろうか。…問題はアメリカでも、ロシアでも日本でもない。問題は世界である。」という幣原の説得を忘れていたのです。

その彼は、1951年4月11日トルーマン大統領によって解任されます。幣原は、1951年3月10日、人生を終えています。

核兵器の出現と丸裸の国家

幣原の平和主義はここにみてきたとおりです。核兵器が出現したので、戦争で物事を解決しようとすると世界が灰燼に帰してしまう。戦争をしてはならない。そのためには戦力をなくすことだというのです。けれども、それは不可能だ、世界が一斉になくすことなどできるわけはない。せめて日本だけでもなくそう。丸裸になろうというのです。もちろん、それは狂気の沙汰だとの自覚はありました。けれども、誰かがその道を拓かなくてはならない。「世界史の扉を開く狂人」が必要だと考えたのです。その「平和主義」にマッカーサーも同意したのです。これが「比類のない徹底した戦争否定の態度」（芦部信喜）をとる9条誕生の背景事情です。

「原爆裁判」の話に戻しましょう。

「原爆裁判」判決を乗り越えて

「原爆裁判」では、「戦争を全く廃止するか少なくとも最小限に制限し、それによる惨禍を最小限にとどめることは、人類共通の希望であり、そ

のためにわれわれ人類は日夜努力を重ねているのである。」という一節がありましたが、日本国憲法の背景に核兵器の出現があったことはテーマになっていませんでした。けれども、今、時代を振り返れば、「制憲議会」では核の時代の憲法の在り方が語られ、政府は率先して徹底した「非軍事平和憲法」の普及に務めていたのです。「人類の日夜の努力」は「戦争を全く廃止する」ところまで来ていたのです。

その状況は、先に述べたように、ソ連の核開発、中華人民共和国の成立、朝鮮戦争の勃発などで大きく転換されてしまいますが、現在でも、その「平和憲法」は存在しているのです。私たちはその憲法の活用が可能なのです。そして、その擁護にとどまらず、世界化していくことが求められているのです。日本国憲法は「核の時代」の憲法だからです。「核の時代」の憲法の再生を図らなければなりません。

V 非核と戦争廃絶を求める動き

現在、世界には1万2120発程度の核弾頭が存在し、3880発程度は作戦配備されています（2024年6月1日現在。長崎大学核兵器廃絶研究センター）。「核なき世界」は未だ実現していないのです。核兵器は自国の安全を確保するための道具であるとの「核抑止論」が幅を利かせているからです。核兵器が「平和の道具」、「安全保障の切り札」とされているのです。「危険な集団的誤謬」（1980年国連事務総長報告）に陥っているのです。そして、日本国憲法の「諸国民の公正と信義を信頼しての安全の保持」は現実的日程に上っていません。

けれども、核兵器と対抗するたたかいはこれまでもありました。その内のいくつかを紹介します。

1 ラッセル・アインシュタイン宣言

1955年、バートランド・ラッセルとアルパート・アインシュタイン宣言が発せられます（湯川秀樹氏も署名しています）。その決議はこうなっています。

およそ将来の世界戦争においてはかならず核兵器が使用されるであろうし、そしてそのような兵器が人類の存続をおびやかしているという事実からみて、私たちは世界の諸政府に、彼らの目的が世界戦争によっては促進されないことを自覚し、このことを公然とみとめるよう勧告する。したがってまた、私たちは彼らに、彼らのあいだのあらゆる紛争問題の解決のための平和的な手段をみいだすよう勧告する。

1955年は「原爆裁判」が提起された年です。この年に、世界の著名な知識人たちが、核兵器が使用される危険と、核兵器が人類の存続をおびやかしていることを指摘して、戦争では目的が達成されないことと、紛争の平和的解決を勧告しているのです。

その背景にあったのは次のような認識でした。

現在では広島を破壊した爆弾の2500倍も強力な爆弾を製造できる。もしそのような爆弾が地上近くまたは水中で爆発すれば、放射能をもった粒子が上空へ吹き上げられる。そしてこれらの粒子は死の灰または雨の形で徐々に落下してきて、地球の表面に降下する。

水爆による戦争は実際に人類に終末をもたらす可能性が十分にある。もし多数の水爆が使用されるならば、全面的な死滅がおこる恐れがある。

ここに私たちが皆に提出する問題、きびしく、恐ろしく、おそらく、そして避けることのできない問題がある──私たちは人類に絶滅をもた

らすか、それとも人類が戦争を放棄するか？

　人々はこの二者択一という問題を面と向かってとり上げようとしない
であろう。というのは、戦争を廃絶することはあまりにもむずかしいか
らである。

　平時において、核兵器の廃絶が約束されたとしても、有事になれば、
核兵器はまた保有され、使用されるだろう。なぜなら、核兵器を使用し
た方が戦争に勝つからだ。

　宣言は、私たちに「絶滅か戦争を放棄するか？」の二者択一を迫って
いるのです。そして、戦争の廃絶は難しいので「面と向かっては取り上
げないだろう。」とその覚悟のほどを問いかけているのです。そこには、
仮に、核兵器をなくすという約束をしても、戦争になれば核兵器は復活
することになり「全面的死滅」の恐れがあるぞ。本当に戦争を廃絶しな
くていいのか、という問いかけも含まれているのです。

　これは、９条誕生当時の日本の議会や政府の問題意識と重なります。
日本の場合は、戦争も廃絶するし、その保証として戦力の放棄まで決意
していたのです。「核の時代」における文明の在り方が示されていたの
です。ラッセルたちに、誰も日本国憲法についての情報を伝えなかった
のでしょうか。少し残念です。私はラッセルたちに日本国憲法９条をそ
の視野に入れて欲しかったと思っています。つぎに紹介するのは、９条
をモデルに地球平和憲章をつくろうという提案についてです。

2　「地球平和憲章――日本発モデル案」

　「９条地球憲章の会」というグループがあります。「憲法９条の理念で
地球平和憲章をつくるというグローバルで壮大な運動」を目的としてい
ます。私もそのメンバーです。この会が、2021年に「地球平和憲章―日
本発モデル案―」を公表しています。

85

その理念は次のように述べられています。

「私たちは戦争に反対し、非武装、非核、非暴力の世界を求めます。地球上のすべての人々に平和に生きる権利を実現し、人類と地球環境を護ること、それは人類の使命なのです。」

私はこの理念に共感しています。

基本的問題意識は次のとおりです。

「戦争は人間を殺傷し、地球環境を破壊します。とりわけ核兵器は地球上の生命の消滅をも予見させるものでした。私たちはこれらの認識の共有を通して、第二次世界大戦が終わった1945年を画期とし、「人類と地球の再発見」の時代として捉え直し、現代を「地球上に存在するすべてのものが一つの絆で結ばれているという感覚が地球規模で共有されていく時代」としての地球時代の入り口にあると自覚したのです。」

そして、次のように決意しています。

「私たちの運動はこれらの視点から、日本国憲法の前文・9条を読み直し、その歴史的、現代的意義を捉え直し、人類と地球環境を護るために、世界にむけて発信する思想変革の運動であり、世界と繋がる連帯の運動によってその思想を「地球平和憲章」に結晶させることだと考えています。」

私は、この「地球平和憲章」は、日本国憲法の非軍事平和思想を「核の時代」に活用しようとする運動だと受け止めていています。憲法9条を「世界平和憲章」とすることは、世界から核兵器も戦争もなくすことに大きく貢献することでしょう。

次に、日本国憲法の源流について考えてみます。日本国憲法の非軍事

の平和思想、つまり、戦争をなくすという発想がどこに淵源があるかです。原爆投下は9条を生み出す契機になりましたが、原爆投下が平和思想を生み出すわけではないので、別に考えなければならない問題なのです。

Ⅵ　日本国憲法9条の源流

戦争非合法化運動（Outlawry of War）

　今から百年前。1920年代のアメリカに Outlawry of War 運動がありました。Outlawry は、法外追放、社会的追放、非合法化、法益剥奪という意味で、中世に行われていた「法外追放」に由来するようです。共同社会が、罪を犯した構成員から、全ての法的権利や保護を取り上げることを意味しています。この法外追放を受けた者（outlaw）を殺しても処罰の対象にならないどころか殺害が義務とされた時代もあったそうです。法の違反者に対して宣告される最も過酷な刑罰です。

　こうして Outlawry of War とは、戦争を法の領域から放逐するあるいは法の埒外に置くという意味になるのです。憲法学者の深瀬忠一氏は「戦争を（侵略戦争と防衛戦争を区別することなく）全面的に非合法化し、また武力による制裁ではなく、諸国の誓約と世論によって戦争廃止を担保する構想」と定義しています（深瀬忠一『戦争放棄と平和的生存権』岩波書店、1967年）。

　これまで、戦争は正義を実現する手段（正戦論）、あるいは、裁く方法がないので、当事国双方が正しいとされてきました（無差別戦争観）。現在では、一般的に戦争は違法とされてはいますが（戦争違法化）、個別的・集団的自衛権行使や集団安全保障のための戦争は正義という扱いを受けています。戦争は必要かつ有効なシステムとして、法の枠内に存在しています。もちろん、戦力も合法的です。

ところが、この理論は、戦争は存在してはならないと考えるので、法的に許される戦争という観念が存在しないことになります。そういう意味では「自衛戦争」や「制裁戦争」を容認する「戦争違法化」とは峻別されるべき概念なのです。もちろん、戦力も違法になります。だから「戦争違法化」というよりは「戦争非合法化」という方が適切かもしれません（ただし、「戦争違法化」という人もいます）。

「戦争非合法化論」

　この「戦争非合法化論」は、シカゴの弁護士サーモン・オリヴァー・レヴィンソン（1865年〜1941年）によって提唱されました。彼は、革命家らしからぬ人物で、いくつもの大企業の財政を再建して有名になっていた企業弁護士だったそうです。そのキャリアの大半において、国際情勢にはほとんど興味を持っていなかったようです。それはともかくとして、彼の主張を紹介しておきましょう（牧野雅彦『不戦条約』大学出版部協会、2020年などに依拠）。

戦争は最も合法的な「犯罪」であった

　紛争は人間的なものであり、個人間であれ国家間であれ不可避的に起こるものであるが、戦争は非人間的であり、それが不可避的であるのは、ただ伝統によってのみである。紛争の解決には二つの道がある。一つは力による解決、もう一つは法による解決である。国際的な解決においては力による解決の道が常に開かれている。戦争は一つの制度である。制度とは民族間や人種の間で長い間のうちに確立された法に反しない慣習のことである。例えば、教会、結婚、奴隷制度である。あらゆる戦争は合法的なものであった。アダムの時代から戦争は不法とされたことはなかった。戦争はこの世界において最大にして最も合法的な「犯罪」だったのである。

ここでの特徴は、第一に「紛争」は人間的なものとされ「戦争」は非人間的なものとされていることです。第二に戦争は「制度」とされ、合法的とされてきたとの指摘です。第三に戦争は合法的ではあるが「犯罪」とされていることです。紛争はなくすことができないけれど、戦争は人間が作っている伝統的な「制度」だとすれば制御できるという発想です。戦争を人間の本性とはしていないのです。人間社会から紛争をなくすことはできないから、戦争もなくすことができないなどと短絡的に考えていないことに着目しておきましょう。

戦争という制度を廃止できないということがあろうか？

決闘は、いくつかの州において殺人と宣告されて違法化される1850年まで合法的なものとして残っていた。決闘の慣行が絶滅したのは法律によって単なる殺人とされたからである。剣による脅しや銃弾によって「名誉」が侵害されたのに憤慨しないからといって人が臆病者だということにはならない。われわれは、決闘や奴隷の制度の廃止を立派にやってのけた、どうして戦争という制度を廃止できないことがあろうか？

確かに、アメリカでは決闘も奴隷制も廃止されています。ちなみに、日本で決闘が禁止されるのは1889（明治22）年です。刑法の施行は1908（明治41）年ですから、アメリカよりも遅いけれど刑法施行前に、決闘を挑んだ者もそれに応じた者も懲役刑などで処罰されることになっていたのです。

個人間での紛争を決闘で解決することは法が許さないことになって100年以上の時が流れているのです。また、国際社会で、戦争という制度はなくなってはいませんが、日本国憲法は、あらゆる戦争と一切の戦力を放棄していることを忘れないでおきましょう。戦争という「制度」は廃止される方向で歴史は進展しているのです。

私も、レヴィンソンと同じように戦争はなくすことができると考えています。それは自然現象ではなく、人間の意図的な営みだからです。現に、日本ではこの79年間直接的な戦争をしていないことを確認しておきましょう。

戦争という治療法は常に病弊よりも大きな害悪をもたらす
　戦争の原因とされる貿易上の障壁だとか、宗教や人種に基づく憎悪や偏見は単に紛争を生み出すに過ぎない。その紛争を戦争という血なまぐさい「法廷」が裁くのだ。取り除かねばならないのは、この法的装置である。戦争という治療法は常に病弊よりも大きな害悪をもたらすからだ。

　ここでは、戦争の原因が各国の利害衝突（帝国主義戦争）やあれこれの憎悪や偏見に求められています。もちろんそれだけではなく、植民地支配からの脱却や侵略への抵抗という武力闘争（民族解放戦争）もあります。しかしながら、いずれの場合であれ、戦争は殺傷力と破壊力の強弱で決せられることになるので血なまぐさくなることは避けられません。それは誰でも知っていることです。
　今、ウクライナやガザ、あるいはレバノンからの映像を見ながらそれを実感している人は多いでしょう。戦争では、多くの兵士や民衆の生命と生活が根底から破壊されることになります。こんな「法廷」を廃絶し、まっとうな「法廷」を求めるのは人間らしい感覚と言えるでしょう。
　とりわけ、核兵器が使用されれば、全人類に壊滅的人道上の被害が発生することは誰も否定できない「核の時代」にあっては、戦争は紛争を裁く「法廷」たりえないのです。「戦争は政治の延長である。」などという思考は、核戦争はその目的を実現する手段として不適切になっていることを無視した「時代遅れの世迷言」になっているのです。

世界法廷を設立しなければならない

　諸国民を法の前に平等にするためには、主権国家に対して最高裁判所というモデルにできる限り近い形で世界法廷を設立しなければならない。そこでは、全く対等平等に法廷の前に立つことになる。あらゆる政治、策謀、外交取引そして欺瞞外交は徹底的に排除されなければならない。

　諸個人が法の下で平等であることは、近代以降、人類社会の公理となっています。その公理が、現実の個人の生活の上でどのように平等を実現しているかどうかは別に問われなければならないテーマですが、法の下の平等を無視することは許されていません。そのことを前提に、レヴィンソンは、アメリカが、南北戦争という巨大な内戦を経験して、各州（state）のすべての紛争を法律に基づく平和的手段で解決できるようになったように、世界の諸国（state）も協調と合意に基づいて国際法廷を設立すべきであると主張しているのです。その法廷は、各国の主権を損なうものではないし、国家を超える権力を提供するものではないが、明確な法典に基づいて各国の紛争を裁くというのです。一つの合理的発想であることは間違いないでしょう。南北戦争を体験しているアメリカ人ならではの発想と言えるでしょう。

　結局、レヴィンソンの主張は、「われわれが望むのは、戦争がより少なくなることではなく、戦争がなくなること、戦争がより破壊的でなくなることではなく、戦争そのものをなくすことである。」ということであり、その代替案として米国の司法制度に模した「世界法廷」ということなのです。

その裁判所の決定をどのように強制するのか

　問題は、仮に、このような国際法廷が実現できたとして、その決定をどう執行するかです。そもそも、その法廷が判決を執行できないのであ

れば、その判決に意味があるのかという問題です。かといって、強力な超国家的軍事力を認めてしまえば、元も子もなくなってしまうというジレンマです。レヴィンソンは次のように述べています。

　すべての法の有効性は、それに従うべき人々の意思にある程度委ねられている。政府の土台になるのは力ではなく、法に従うという習慣とでも呼ぶべきものである。だが、国家は人ではない。国家が法に従う「習慣」を身につけることができるだろうか？その答えは国民を経由することだ。人々は戦争の非合法化に参加することによって、平和の規範を身につけるだろう。各国が、戦争が違法かどうかを問う国民投票を行えば、国民は「戦争システムを糾弾し、違法化する」だろう。いったんそうなれば、彼らは自国の戦争犯罪に対処し、それを罰するようになるだろう。

　ここでは、「判決」を強制するための「実力」は想定されていないのです。平和の規範を身に着けた国民が国家の行動を規制するだろう。諸国民の啓発された世論が判決を有効にするだろうというのです。

　このような思想が国際社会やアメリカ国内ですんなりと受け入れられることはありませんでした。この思想と運動は不戦条約に影響を与えたけれど、不戦条約は戦争全てを違法化することはなかったのです。戦争は違法とされたけれど、違法ではない武力の行使と戦力が残ったのです。その限界は国連憲章にも継承されているのです。
　また、第二次世界大戦後、アメリカでは、このような「法律家的・道徳家的アプローチ」を素朴に信奉し、諸国家の利害とパワーの調整という国際社会の本質的課題に向き合ってこなかったことが、第二次世界大戦の遠因になったと痛烈に批判されているようです（三牧聖子「戦争違法化思想とアメリカ外交」東京大学アメリカ太平洋研究、13号）。

92　　「原爆裁判」を現代に活かす‼

私は、むしろ、このような思想と運動が、国際社会で普く容認されなかったことが、第二次世界大戦の遠因だと思っていますが、それはともかくとして、この思想と運動が100年前のアメリカに存在していたことに深い感動を覚えているのです。

　この運動は、全米で展開され、彼らのパンフレットは100万部以上発行され、200万人を越える戦争非合法化を求める署名が集まったアメリカ史上最大の署名運動だったようです。きっと、私もその時代にいれば署名したことでしょう。

日本国憲法 9 条への影響

　河上暁弘氏は「憲法 9 条の思想的淵源は、不戦条約そしてもともとは戦争非合法化運動にあります。憲法 9 条を起草したのは幣原首相とマッカーサーだと言われますが、幣原はかつて駐米大使を経験し、ウィルソンやケロッグやボーラー（レヴィンソンの「同志」たち・大久保注）とつながりがあるのです。」としています（河上暁弘『日本国憲法 9 条成立の思想的淵源の研究』専修大学出版局、2006年）。この運動が幣原に影響を与えたであろうとの示唆です。けれども、幣原がこの運動に消極的だったという評価もあります。「戦争違法化の推進に対する日本の反応は冷淡であった。日本政府は連盟常任理事国の中で最も戦争違法化の推進に消極的であり、それは協調外交を標榜した幣原外相も例外ではなかった。」というのです（三牧聖子前掲論稿）。けれども、その主張を理解する知性は持ち合わせていたことは間違いないでしょう。そして、その運動は幣原の思想形成に何らかの影響を与え、それが日本国憲法制定時の幣原の言動として湧出してきたことは十分に考えられるのではないでしょうか。

マッカーサーの述懐

ところで、マッカーサーは、1951年の上院外交合同委員会で、「日本人は自らの決断によって「戦争の廃絶」（the abolition of war）や「戦争の非合法化」（outlawing war）を憲法に書き込んだ。」と述べています。マッカーサーが1920年代の戦争非合法化運動について知識を持っていたことは彼自身が述懐しています。けれども、陸軍のエリートであった彼はその運動とは対立していたでしょう。しかしながら、対立するがゆえに、その思想を深く知る機会もあったかもしれません。

原爆投下の影響も天皇の必要性も理解していたマッカーサーが、幣原とともに非戦・非武装の思想と規範を定立するうえで、戦争非合法化運動の水脈を想起したという推測は、決して荒唐無稽ではないと思いたいのです。

戦争非合法化運動の特徴

戦争非合法運動の特徴は、戦争を一切認めなかったことにあります。制裁戦争、自衛戦争、正義の実現としての戦争なども、法の枠外に置いたのです。紛争を武力で解決することを否定し、裁判による解決を提唱したのです。徹底した平和思想であると同時に「法の支配」を信頼していたのです。そして、もう一つ看過してならないのは、この運動は民衆の支持が背景にあったことです。自立した市民、市民社会との連携の大切さを確認しておきたいと思います。

憲法9条の思想的淵源に、時代を異にするアメリカ市民の「戦争非合法化運動」があったとするならば、憲法9条成立の歴史的意味が、より国際的に深められるのではないでしょうか。なぜなら、平和、人権、民主主義を希求してやまない市民の諸実践が、過去から未来へという形で、また、国境と民族を超えて、相互に影響を与え合っている事実が浮び上ってくるからです。

戦争非合法化運動の「陰」

　もちろん、レヴィンソンたちの運動に「陰」がなかったわけではありません。次のような指摘が行われています。

　レヴィンソンは国際平和を構想する上で、幾度となく自国の歴史や理念との対話を重ねたが、決して他国との討議や他国の歴史的経験の中に知恵を求めようとはしなかった。レヴィンソンにとって国際平和の実現とは、アメリカが自国で育んできた平和主義を他国に教え、それを世界に受け入れさせていく過程に他ならなかったからである（前掲三牧聖子論稿）。

　私もその指摘は正鵠を射ていると思います。けれども、三牧さんも「レヴィンソンの戦争違法化論は古くて新しい平和主義として再考されるべきではないだろうか。」ともしているのです。

非合法化運動を現代に活かす

　今、「台湾海峡」の危機、ロシアのウクライナへの武力行使、北朝鮮の妄動などを口実として、核兵器も含め戦力の強化が必要だ、憲法９条や国連憲章は無力だという言説が横行しています。人間社会から紛争はなくせない。対立や抗争は不可避だ。必ず、誰かが侵略してくる。それを避けるためには、防衛力（抑止力と対処力という戦力）を最優先で強めなければならないという発想です。「座して死を待つことは出来ない」から、敵の基地だけではなくその中枢に攻撃を仕掛けることを可能にする「反撃能力」を持たなければならないとも言われているのです。

　「平和を望むなら戦争に備えよ」という思想は、有史以来であるがゆえに、簡単には克服できないでしょう。それは、レヴィンソンの提案が、当時、実現しなかっただけではなく、その後の厳しい批判が物語ってい

95

ます。

　そして、現在、武力への依存は「平和を望むなら核兵器兵器に依存せよ」とバージョンアップする形で影響力を持っているのです。

　だからこそ、私は、今、レヴィンソンを広げたいのです。幣原喜重郎は「徳孤ならず必ず隣あり」と言っていました。私は100年前のアメリカの弁護士の隣に立ちたいと思っています。彼の構想に限界はあるでしょう。時代の制約を受けない思想はありえないからです。

　また、当時との違いもあります。既に、全ての戦争と戦力および交戦権を放棄する日本国憲法９条が存在していること、その背景にはレヴィソンがその視野に置くことができなかった「核のホロコースト」があったこと、そして、全人類に壊滅的惨害をもたらす核兵器が存在していることなどです。

　「地球の生き残り」をかけてのたたかいが続いています。核兵器廃絶と９条の世界化を急がなくてはならないのです。

　そのためのいくつかの提案をしておきます。

Ⅶ　何をなすべきか

現実政治を知ること

　まず、現在の状況を知ることです。政治情勢は自然現象ではありません。政治とは人間同士の営みだからです。明日の天気は変えられませんが政権の転換は可能です。そして、政治とは人が人を支配するための営みです。支配とは自分の利害や思惑で他人を制御することです。支配されるとは支配者の都合の範囲で人生を送るということです。

　現在は、神の子孫である万世一系の存在が民を支配するという発想は、なくなってはいませんが、廃れています。その代わりに、政治的支配を正統化しているのは「選挙で選ばれた」ということです。それが民主主

義だと言われています。だから、政治権力を握ろうとする人は政党を結成して、選挙に臨みます。政党は私的集団なのですが、政治権力を握れば公的な存在となります。政治権力を握れば人を支配できるので、何んでもやりたくなります。選挙制度を変えたり、税金を私的に使用できるようにしたり、脱法・違法行為に及んだりします。現在の自民党の体たらくを見ているとそのことがよくわかります。

考えの違う人とも共同すること

自分と考えや感覚の違う人は大勢います。「みんな違ってそれでいい」と私も思っています。けれども、支配されないようにするためにはそれなりの努力も必要です。抵抗しなければ同意があったと見做されてしまいます。政治的不同意を明確に示さなければ、抗えない力によって地獄をさまようということにもなりかねません。「原爆裁判」を思い出してください。私たちはその事態を体験しているのです。ある日、突然、「空から死が降ってくる」（オバマ氏の広島での演説）ことになるかもしれないのです。

そのためには、違いを自覚した上での共同は不可欠な営みです。最終的な政治指導者は一人とされるので、バラバラでいると、おねだり・パワハラの指導者が誕生することになるのです。「専守防衛論」の立場から、「安保法制違憲訴訟」をたたかう誠実な人たちを含む野党と市民の共闘が求められています。

アジアの人との連帯

アジアの人との連帯が必要なことはもちろんです。韓国の被爆者と反核平和団体は米国の原爆投下の違法性を明確にし、その責任を問うための裁判を準備しています。台湾の人たちは米中対立の中で戦争を避けるための努力をしています。ASEAN 各国は東南アジアの平和と安全のた

めに日々努力しています。

　これらについて、私のささやかな実践を補論として掲載しておきます。韓国関連では「米国の広島・長崎への核兵器投下の法的責任を問う『原爆国際民衆法廷』の準備のための『第2次国際討論会』に参加して」と「韓国人被爆者の立場から見る広島・長崎への原爆投下の歴史的意味――日本の反核法律家からのコメント」の二本。台湾関係で「平和、武力反対、自主、気候重視――台湾の学者たちの反戦声明」。ASEAN関係で「インドネシアの1週間」です。

　これらは、私の個人的体験でしかありません。私は、核兵器廃絶や戦争のない世界を創るには、一人ひとりの地道な努力こそが求められていると思うのです。もちろん、出来ることはたかが知れています。けれども、非力ではあるが無力ではないと思いたいのです。そういう人は、あちこちにいるのだということを感じてもらえればうれしいです。

まとめ

　2025年。被爆80年、敗戦80年という節目の年を迎えます。

　核兵器がなくならないどころか、世界各地での武力の行使が続いています。多くの人びとが、沸騰する地球で、格差と貧困にあえぎながら、不健康な生活を強いられています。利潤追求最優先と武力の行使容認がもたらしている危機的状況です。これらの危機からの解放なくして人類社会の未来は危ういことになります。人の営みが人の世を終わりにするという最悪の事態の発生です。「人とはその程度のものだ」という冷めた意見もありますが、それではさみしすぎるのではないでしょうか。私の周りには、核兵器廃絶や地球と人類社会の未来のために、誠心誠意生きている年配の方や青年たちが大勢います。みんな、困難な中で、自らの手で未来をつくろうとしているのです。素晴らしい諸君です。私はそ

の人達にエールを送ります。

　対立を固定化し、武力の行使で紛争を解決するなどという方策は絶対にとってはならないのです。にもかかわらず、この国の支配層は、核兵器を含む軍事力に依拠し、米国との同盟強化をスローガンに「新たな戦争」の準備を進めています。その総仕上げが憲法9条の改廃です。「虎に翼」で人気を博した山田よねさん風に言えば「糞だ！　全部糞だ！」ということです。

　私たちは、日本国憲法の徹底した非軍事平和主義を踏まえ、核兵器禁止条約に依拠しながら、「原爆裁判」の歴史的意義を更に発展させ、核兵器の廃絶と世界のヒバクシャの救済を実現しなければならないのです。
　それが、「原爆裁判」を私たちに残してくれた原告やその代理人そして裁判官たちの心意気に応えることではないでしょうか。それはまた、「原爆裁判」からの私たちへの宿題でもあるのです。

　核兵器廃絶は決して夢物語ではありません。核兵器は人間が作ったものですし、現に、ピーク時である1986年には約7万発あった核兵器は現在1万2千発台まで減少しているのです。もちろん、その減少は検証されているはずです。
　加えて、世界には「軍隊のない国」は26か国あります（アンドラ、クック諸島、コスタリカ、ドミニカ、グレナダ、アイスランド、キリバス、リヒテンシュタイン、マーシャル諸島、モーリシャス、ミクロネシア、モナコ、ナウル、ニウエ、パラオ、パナマ、サモア、サンマリノ、ソロモン諸島、セントキッツ・ネービス、セントルシア、セントヴィンセント・グレナデイス、トゥバル、ヴァヌアツ、ヴァチカン、ルクセンブルグ）。国連加盟国は193か国ですから、13％以上の国には軍隊がないので

99

す。核兵器や軍隊がなくても、人々は生活できるのです。軍隊のない国は決して「ユートピア」ではないのです。

　核兵器も軍隊もなくし、恐怖と欠乏から免れ、平和のうちに生活できる世界を実現することは、本当の豊かさと自由に満たされた「未来社会」への一里塚となるでしょう。

　「原爆裁判」が係属していた時代、米国とソ連は「冷戦状態」にあり「キューバ危機」も発生しました。当時のケネディ米国大統領は、核戦争を覚悟していたそうです。核兵器の威力を知ったソ連のフルシチョフ首相は眠れぬ夜を過ごしたそうです。幸いに「キューバ危機」は解消されましたが、人類社会は消滅寸前までいっていたのです。現在は、ロシアと NATO が核兵器で対峙しています。台湾海峡や朝鮮半島でも核兵器使用の火種はくすぶっています。イスラエルも危険です。人類社会は核兵器を制御できていないのです。核戦争の危機は迫っているのです。その客観的な危険を自覚し、その危険を主体的に解消することが求められているのです。

　「原爆裁判」の時代にも核戦争の危機はありました。いまもその危機は解消されていません。けれども、私たちには、日本国憲法 9 条も核兵器禁止条約もあります。これらを最大限活用して、核兵器も戦争もない世界を実現するために、愚直な努力を続けようではありませんか。

　その典型的な先例が日本被団協のたたかいです。私はヒバクシャ運動の経験と成果をしっかりと継承したいと考えています。

補 論

1 日本政府の核兵器容認姿勢の転換を！
――憲法 9 条は「核の時代」の申し子

はじめに

　「核兵器のない世界」のための法的枠組みとして核兵器禁止条約が発効している。けれども、核兵器保有国や日本政府は、この条約が核抑止力を否定していることを理由として背を向けている。核兵器不拡散条約（NPT）6 条は、核兵器の全面軍縮を規定しているけれど、それを実現するプロセスはまだ見えない。

　国際社会において「核兵器のない世界」に向けての胎動はあるけれど、まだその世界は誕生していない。日本政府は「唯一の被爆国」として「核兵器のない世界」を求めるとは言うけれど、米国の「核の傘」への依存を強めている。そして、核保有や使用も憲法上許容されるとしている。これでは「核兵器のない世界」など何時まで経っても実現しないことになる。

　そこで、ここでは政府の核兵器容認姿勢を概観し、その問題点を指摘しておく（政府見解は浦田一郎編『政府の憲法九条解釈』第 2 版（信山社、2017年）による）。

核保有（持ち込み）と憲法の関係（前掲書388頁）

　①　我が国は、いわゆる「非核三原則」により、憲法上は保有することを禁ぜられていないものも含めて政策上の方針として一切の核兵器を保有しないという原則を堅持している。また、原子力基本法において、原子力利用は平和の目的に限り行う旨が規定され、さらに、核兵

103

器の不拡散に関する条約上の非核兵器国として、核兵器の受領、製造
等を行わない義務を負っており、一切の核兵器を保有していないとし
ている。

②　その上で、従来から、政府は、憲法９条と核兵器との純法理的な
問題として、我が国には固有の自衛権があり、自衛のための必要最小
限度の実力を保持することは、憲法９条２項によっても禁止されてい
るわけではなく、したがって、核兵器であっても、仮にそのような限
度に止まるものがあるとすれば、それは必ずしも憲法の禁止するとこ
ろではないが、他方、この限度を超える核兵器の保有は、憲法上許さ
れないものであり、このことは核兵器の使用についても妥当する。

③　なお、核兵器の持ち込みについては、９条２項にいう「戦力」に
は該当しない外国軍隊に関することであるが、「非核三原則」におい
ては、「持ち込ませず」の原則により、これを認めないこととしてい
る。

政府は「非核三原則」によって核兵器の保有などは禁止されているけ
れど、純法理的には「自衛のための必要最小限の実力」の範囲であれば、
核兵器の保有も使用も憲法違反ではないとしているのだ。政府は、留保
付きではあるが、核兵器の保有や使用は憲法上ありうるとしていること
を確認しておきたい。では「自衛のための必要最小限度の実力」とはど
のようなものなのであろうか。政府の見解をみておこう。

「自衛のための必要最小限度の実力」（前掲同書379頁〜380頁の抄録）

①　９条は我が国の自衛権は否定していない。この自衛権行使を裏付
ける自衛のための最小限度の実力（自衛力）を保持することは、９条
の禁止するところではない。９条２項が禁止する「戦力」とは、自衛
のための必要最小限度の実力を超える実力をいう。

②　この実力の具体的限度については、本来、その時々の国際情勢や科学技術等の諸条件によって左右される相対的な面を有することは否定しえず、結局は、毎年度の予算等の審議を通じて、国民の代表である国会において判断されるしかない。

③　上記の限度は、我が国が保持する全体の実力についての問題であるが、個々の兵器についても、性能上専ら相手国の国土の壊滅的破壊のためにのみ用いられるいわゆる攻撃的兵器を自衛隊が保持することはいかなる場合にも許されない。また、それ以外の性能上は防御的にも攻撃的にも使える兵器は、それ自体では直ちに上記の限度を超えるとは解されない反面、これらの兵器の保有が無限に許されるというわけではなく、それらを保有することにより、我が国の保持する実力の全体が自衛のための必要最小限を超えることとなれば、９条２項の規定に反することになる。

　要するに、「相手国の国土の壊滅的破壊のためのみに使用される攻撃的兵器」以外は、国会の予算審議で決めれば「必要最小限度の実力」だという見解なのだ。結局、「必要最小限度の実力」とは政府と与党の判断によるということになる。

　そして、ここで言われている「攻撃的兵器」というのはメガトン級の核兵器くらいだろうから、小型核兵器まで「最小限度の実力」として憲法９条２項の範囲内となりうるのだ。政府は「最小限度の実力」としての核兵器の保有も使用もありうるとしていることを確認しておく。

　政府は核兵器の「特殊性」には何の関心も示していないことにも留意して欲しい。

核兵器の特殊性

　核兵器が使用されれば「全人類に惨害」や「壊滅的人道上の結末」が

補論　105

もたらされることは 核兵器不拡散条約（NPT）や核兵器禁止条約で確認されている。核兵器国の首脳も「核戦争に勝者はいない。核戦争は戦ってはならない。」としているし、2023年の広島サミットでも「核兵器不使用の継続」が確認されている。核兵器は「全人類の帰趨にかかわる特殊兵器」とされているのだ。政府がそのことを知らないわけがない。

政府の核兵器依存の強さは、米国が核兵器の先制不使用政策を検討した時に「それはやめてくれ」とした姿勢にも表れている。日本政府は、広島・長崎の「被爆の実相」を知っているにもかかわらず、核兵器依存の姿勢を改めようとしていないのだ。これが「唯一の被爆国」を言う政府の現状である。

核兵器と憲法のかかわり

さらに問題なのは、政府は憲法と核兵器の関係を遮断していることである。政府は「非核三原則」は憲法の要請ではなく「政策上の方針」だとしている。これは、核武装について憲法上の制約はないとする見解である。

日本は NPT 加盟国なので、核武装など簡単にはできないが、北朝鮮がそうしたように、NPT から脱退すれば、核武装は可能なのだ。原子力基本法には「我が国の安全保障に資することを目的として」という文言も追加されているから、国内法もクリアーできるであろう。憲法を度外視すれば、政府のいうように、純法理的には、日本の核武装（保有と使用）は可能なのである。

政府が、敢えて「非核三原則」を憲法上の要請としない背景には、そのような深謀遠慮があるのかもしれない。「憲法は日本の核武装を禁止していない」とすることによって、政府は立憲主義の拘束を免れるからである。

こうして問題は「憲法は日本の核武装を禁止していない」という憲法

解釈の妥当性ということになる。

9条は「核の時代」の申し子

　その問題を考えるうえで考慮すべきは、9条誕生の背景に広島・長崎という「核のホロコースト」があったことと「制憲議会」ではそのことを踏まえた議論が行われていたという史実である。

　原爆は「制憲議会」の衆議院でも貴族院でも視野に置かれていた。そして、吉田茂首相（当時）が「平和的使命と文化国家としての出発点はここに始まる」と序文を寄せている1946年11月内閣発行の『新憲法の解説』は、「原子爆弾の出現は、戦争の可能性を拡大するか、または逆に戦争の原因を終息せしめるかの重大な段階に達した」、「文明が戦争を抹殺しなければ、やがて戦争が文明を抹殺するであろう」として9条の「重大な積極的意義」を指摘している。

　憲法9条は核兵器の「特殊性」を認識し戦争の否定の上に誕生しているのだ。9条は「核の時代」の申し子なのだ。「非核三原則」は単なる「政策上の方針」ではなく憲法の要請であることを強調しておく。

　政府は核兵器の特殊性も9条誕生の背景も無視するがゆえに、核兵器に関する憲法解釈を間違えているのである。私たちは政府の核兵器観の転換を求めなければならない。

補論　107

2 | アンジー・ゼルターという女性
──トライデント搭載潜水艦関連施設を「非武器化」した人たち

アンジーという人

　アンジー・ゼルターという女性がいる。1951年、イングランド生まれである。「地球市民」であり「普通の女性」であることを自認している。その彼女は、1999年6月、反核運動トライデント・プラウシェア2000の仲間3人（アンジー・ゼルター（48歳）、ウリア・ローダー（44歳）、エレン・モクスレイ（63歳））で、スコットランドにあるイギリスのトライデント搭載潜水艦の関連施設（「メイタイム」という船）に侵入し、家庭用ハンマーで機器類を壊して湖に捨ててしまうという事件を引き起こした。

　スコットランドはイギリスのトライデント装備原潜の母港である。トライデントはそれぞれ100キロトンから120キロトンの弾頭を48基装備している。100キロトンとは広島に投下された爆弾の8倍以上も強力である。配備されている合計144のトライデントの弾頭は、800万人の子どもを含む約3000万人の殺傷能力がある。この施設は、トライデント搭載原潜ための研究整備施設であり、原潜の隠密行動に必要な、音響特性、磁気特性を試験したり、改良するための主力となっていた。これなしには原潜は「丸見え」となり武器としての能力を低下させることになるのである。

　要するに、彼女たちは、トライデントを「非武器化」するための「直接行動」をとったのである。

　もちろん、3人は逮捕され、裁判にかけられた。

彼女たちは何をやったのか

起訴状を抜粋しておく。

　3人は、「メイタイム」に侵入し、船上の装備、付属物、および家具を損傷した。特に、電気装備棚の内容物を砕いて電線を引きちぎり、巻揚機のコントロールスイッチをもぎ取り、コントロール室に入るために金鋸でドアを壊して鍵穴に接着剤を付着させ、クレーンに鎖を巻き付けて動かないようにし、コンピュータモニターを砕き、実験室の壁時計を壊した。多数のコンピュータ設備、電気および事務設備、音響設備及びアンプ、録音装置、ファックス機能、電話、道具、文書、記録、電気器具、書類ケース、ラジオ装置、測定器、書物やケースなどの備品を壊し、これらの物品をゴイル湖に放棄して水浸しにし、使用を不可能にした。

　3時間に及ぶ徹底した破壊工作であった。3人は逃げも隠れもしていない。むしろ、ヒロシマ・ナガサキの被爆の写真と自らの行動を説明する「共同声明」を残しているのである。

アンジーたちの認否

　この起訴に対しての彼女たちの認否は次のとおりであった。
　本件の明白な事実をいささかも争うものではない。ただし、私たちの「非武器化」という行為は合法であり正当である。
　破壊はしたけれど、自分たちの行為は違法ではないし、無罪だというのである。
　そして、陪審員たちには次のように語りかけたのだ。
　あなた方は、私たちが地球市民として、トライデント核兵器システム

補論　109

を非武器化して機能しないようにする点で正しかったかどうかを決めることになる。あなた方が問われているのは、私たち普通の女性たちが、決して合法的に用いられない大量破壊兵器を使わせないようにする点で正しかったかどうかを決めることになる。数百万人もの人間の大量殺人及び地球上のあらゆる生命を破壊する可能性を防ぐのが正しいかどうかである。

　正面切っての問いかけである。陪審員たちも襟を正したであろう。

アンジーの正当化理由

　アンジーは、自らの行為が正当であるとした。その理由は次のとおりである。

　私の用いようとする抗弁は以下のとおりである。
①　普通法上の抗弁
　法に反する行為は、それがもたらすよりも大きい悪を防ぐ場合には処罰されるべきではない。ⅰ生命もしくは重大な害に切迫した危険の存在。ⅱ危険の種類は問わない。ⅲ他に合法的、合理的手段がない。核兵器の使用もしくは使用の威嚇は、戦争犯罪かその未遂である。なぜなら、その使用は必要以上の被害をもたらし、戦闘員と非戦闘員の区別をせず、放射能で目標を汚染する点で国際法に違反することなる。

②　制定法上の抗弁
　設備を盗んで個人的な利益を得る意図はなかった。「合理的な免責」が認められるべき。スコットランド法では、財産罪に問われている場合に、より重い犯罪を防いでいると信じている場合には合理的免責がある。国際法はスコットランド法に関係している。国際司法裁判所の勧告的意見は、核兵器に関連する国際法の法源に関して極めて明

瞭である。ヒロシマ・ナガサキの犠牲者のために提起された唯一の事例が下田事件で、原爆投下は国際法に違反し、実質的に戦争犯罪であったことを肯定したことに留意しておくことがよいであろう。私は、この勧告的意見に照らして、トライデントが違法でないと証明する責任は訴追側にあると主張する。私の信念が単に個人的な誤った信念ではなく、実際に合理的で事実と証拠に基づいたものであることを示している。自分たちの政府による非人間的な行為の実行に対して市民が責任をもって反対抵抗しなければ、政府は絶えず腐敗してゆきかねない。核兵器犯罪は非常に巨大で、非常に動かしがたく見えるから、自分たちの多くは自分が全く無力と感じ、それを防ぐことができるとは思わない。しかし、私は、めいめいが平和的で責任を持てる仕方で出来ることをすれば、それが変化を生み、犯罪を防ぐことができると信じている。私は、議会に陳情し、請願し、デモし、徹夜で祈り、集会を組織し、論文を公表し、軍事基地の外側に座り込んだ。現在のような十分な民主主義においては、人々の多数が望み要求することと、人々に与えられていることとの間には、しばしばギャップがある。私が、裁判所に示したのは、大量破壊兵器の配備という犯罪を効果的に止めるためになすべきことは、私には、直接の非武器化以外何も残されていなかったということである。大量殺人、質的にはるかに大きい規模による犯罪活動を止めさせようとしている人々に、窃盗や器物損壊を適用するのは、もっと大きな構図に取り組むのを拒否すること、私に言わせれば法の戯画を作ることである。

③　国際法上の抗弁
　私は、国際人道法の重大な違反を防ごうとする点において、国際的な権利を実現していただけのことだという根拠から、全ての訴因について無罪とするよう要求する。権利を有していたことは確かだが、義

補論　111

務を有していたというにはほど遠い。アウシュビッツに向かう列車を止めなかったからといって、道徳上非難に値しない。

④ 道徳上の抗弁

子供、老人、病人その他の無辜の人々を殺すのは悪である。大量破壊の威嚇は悪である。あらゆる生き物まだ生まれていない世代に影響するような、環境の長期にわたる汚染は悪である。このようなことを一度になす核兵器は悪である。私が私の良心に従うことは道徳的な必然性がある。法が私たちを無罪としないとすれば、法は肝心な時に役に立たないと言えよう。なぜなら、法は共通の品位と道徳性の基礎的な人間的価値に基づくと言われるからである。法は、これらの自然的正義の基礎的規範から遠く離れれば離れるほど、その正当性と尊重を失うのである。

私たちの「非武器化」という行為は合法で正当化される。

要するに、核兵器の使用や使用の威嚇は、大量殺人あるいはその準備であり、国際法に違反する行為である。その違法行為のために存在するトライデント関連施設の破壊は、大きな犯罪行動を阻止する行為であり、それを処罰することは、法のあるべき姿ではない。それは、法を肝心な時に役に立たないものにしてしまうことになる。だから、私たちを無罪にすべきだというのである。

彼女の弁論の結びはこうである。

私は、私たちには大量破壊兵器の配備を阻止する道徳的責任があるのみならず、国内法及び国際法の下でそのような行動をとる権利があると信じている。司法の独立は、常に市民的自由の最も重要な防塁の一つであった。私は、あなた方が自由で独立した陪審としてその力を

発揮し、私たち3人を無罪と認定されるよう要請する。

彼女は「司法の独立」についても触れていたのである。

裁判所の判断

裁判官は、陪審員たちに対して無罪を説示し、陪審員は無罪評決を行うのである。判事の説示は次のとおりである。

イギリスがトライデントを使用すること、単に所持ではなく、重大な不穏の時期での使用と配備に結びついた、また先制攻撃政策を伴い、その時あるいは現時点での核の使用が国際司法裁判所が示した何れかの厳格なカテゴリーに当てはまるとの政府当局者による何らの説明がない状況では、トライデントの威嚇や使用は脅威と解されるし、現に他国によって脅威と解されているので、従ってこれは国際法および慣習法違反である。大きな違法行為を止める行為は処罰されるべきではない。被告人らは、犯罪的意図をもって行動していない。よって、無罪である。

いささか、分かりにくい表現になっているけれど、要するに、トライデントは「国家存亡の危機」においてのみ使用されるわけではないので、国際法に違反するというのである。この議論の背景にあるのは、先に触れた国際司法裁判所の1996年の「勧告的意見」が「核兵器の使用や使用の威嚇は、一般的に国際法に違反するが、国家存亡の危機においては、確定的な結論は出せない。」としていた事実である。

裁判所は、政府がトライデントを用いて核兵器の使用やその威嚇をすることが、国際司法裁判所が示した「国家存亡の危機」においてのみかどうかの説明がないことを理由として、トライデントを違法であると認定し、その違法行為を止める行為は違法性を阻却すると結論したのである。

裁判官と陪審員はアンジーの抗弁を採用し、無罪としたのだ。アンジ

補論　113

ーは弁護人を付けずに、保釈も拒否して、自らの行為の正当性を展開し、裁判官と陪審員を説得したのだ。何とも、すごい事だと思う。なぜなら、それは、核兵器廃絶の想いと、それを行動に移す勇気と、その行為を正当化する理論を融合しているからである。

まとめ

振り返れば、1999年5月はオランダ・ハーグで、「世界市民平和会議」が開かれた年でもある。世界から1万人からの市民が集い（私もその一人だ）、「公正な世界秩序のための基本十原則」が確認されている。この原則には「日本国憲法第9条が定めるように、世界諸国の議会は、政府が戦争をすることを禁止する決議を採択すべきである。」を筆頭に、「核兵器廃絶条約の締結をめざす交渉が直ちに開始されるべきである。」も含まれていた。

この会議には、トライデント・プラウシェア2000のメンバーも参加していた。核兵器は最悪の暴力なのだから、「力による支配」から「法による支配」へ、を基調とするこの会議と共鳴し合うことは自然の成り行きであろう。それから、四半世紀の時が流れている。世界では武力紛争や非人道的事態は後を絶っていないし、核兵器使用の危険性も高まっている。けれども、核兵器を全面的に禁止し、その廃絶を展望する核兵器禁止条約は発効している。世界は、決して、絶望に覆われているわけではない。間違いなく希望の光も差し込んでいる。アンジーたちの体を張った直接行動による核兵器関連施設の「非武器化」は、市民社会が展開する反核平和活動の一形態として、「核兵器のない世界」に近づく役割を果たしている、と私は考えている。

注記

この論稿でのアンジーの弁論は「ゴイコル湖の平和運動家を支援する

会」の豊島耕一佐賀大学理工学部教授（当時）の「『市民による核兵器廃絶』を始めた勇気ある女性たちに支援を」『反核法律家』第33号（1999年9月30日発行）に依拠しています。

3 米国の広島・長崎への核兵器投下の法的責任を問う 「原爆国際民衆法廷」の準備のための「第2次国際討論会」に参加して

はじめに

2024年6月7日と8日、広島で開催された韓国の「平和と統一のための連帯」（SPARK）が主催する標題の討論会に参加した。「原爆国際民衆法廷」というのは、韓国の被爆者が原告となって、米国の原爆投下を裁こうという反核平和運動である。

米国政府を米国の裁判所で裁かせるという構想もあわせ持つ模擬法廷の提起だ。正式の法廷であれ、模擬法廷であれ、法的構成も含めて主張を整理しておくことは必要である。だから、彼らは英知を結集するための「国際討論会」を企画しているのだ。

今回は、米国、ドイツ、スイス、オーストラリア、ニュージーランド、フィリピン、日本などからの研究者、弁護士、市民活動家などが参加している。私も、日本反核法律家協会会長という立場で、昨年から討論者の一人になっている。

私のテーマ

今回、私に与えられたお題は「韓国被爆者の立場から見る米国の広島・長崎への核兵器投下の歴史的意味」だ。前回は「韓国人被爆者にとっての原爆投下の軍事的・政治的意味」だったから、似たようなテーマではある。今回も討論原稿はそれなりに準備したつもりでいる。結論だけ紹介しておくと、「植民地支配と被爆という二重の被害を受けている韓国人被爆者は、過去の清算と『核なき世界』という未来の形成に深く

かかわっています。私は、日本の市民社会の一員である法律家として、過去の清算には加害者としての自覚を持ちながら、そして、『核兵器なき世界』の実現のためには同じ志を持つものとして連帯していこうと決意としています。」というものである。

　ところで、会場の韓国の若い参加者から質問があった。「日本には戦争を終わらせようという市民社会の運動はなかったのか。」ということと「天皇の聖断というけれど、本当にそうなのか。」という質問だ。何とも鋭い質問だと思う。

　私は、「大日本帝国時代の日本は万世一系の天皇が支配する国で、その国体に反対するものは、治安維持法の下で弾圧され、転向を迫られ、戦争に反対する声はかき消されてしまった。」、「天皇は、終戦詔書で、敵は残虐な兵器を使用したのでこれ以上戦争を続けられないとして、敗戦を核兵器のせいにしている。戦争を始めたことを全く反省していない。ずるい態度だ。」と答えておいた。彼女が納得したかどうかはわからないけれど、私はそのように考えているのだ。

他のテーマ

　他の分科会のテーマは、「1945年の米国の核兵器投下以降の国際法・特に国際人道法から見た核兵器使用の不法性」と「拡大核抑止の不法性と、それの朝鮮半島・北東アジアとの両立不可能性及び克服方策」だ。

　「1945年以降の国際法から見た核兵器使用の不法性」についての報告者の一人は山田寿則さんだった。ジェノサイド条約や国際刑事裁判所規程などが紹介され、結論は「不法である」であった。

　「拡大核抑止」についての報告も興味深かった。米国のチャールズ・モクスリー弁護士の報告は原稿を見ないで歩き回りながらだった。きっと、彼は法廷でこんな調子で弁論をしているのかもしれない。内容はともかくとして印象には残った。

補論　117

報告者や討論者の原稿は、全て、韓国語、英語、日本語でかつての電話帳並みの分厚い報告書に収録されている。河上暁弘さんに奨められて私の話を聞きに来たという NHK の小野文恵アナウンサーが「これをタダでもらっていいのかしら」というので、「大丈夫です。彼らの意気を感じておきましょう。」と対応しておいた。

　韓国の市民団体が広島で国際会議を企画し運営するのだからその意欲とエネルギーには驚嘆する。韓国からは２世、３世の被爆者を含む80名からの参加だ。日本を含む外国からの参加者を含めれば200名近い規模だ。平岡敬元広島市長の姿もあった。韓国語、英語、日本語の同時通訳が行われていた。青年たちの溌剌とした姿がまぶしい。マスコミからの取材も受けた。どのように活かされるのか楽しみである（その後、NHK で「原爆裁判」との関係で放映された）。

平和資料館と韓国人被爆者慰霊塔

　「国際討論会」に合わせて平和資料館の見学や韓国人慰霊塔前での慰霊祭も開催された。資料館の展示はいつ見ても怒りが湧いてくる。こんな悲劇を惹き起こす核兵器に依存しようとしている勢力に対する怒りだ。平和公園にある韓国人被爆者の慰霊塔前での慰霊式で、日本からの参加者を代表してのスピーチを依頼された。何を語ればいいのか悩んだけれど、次のような内容にした。

慰霊の言葉

　慰霊の式典に際して、日本人参加者の一人として、一言ご挨拶させていただきます。

　私の父は、大日本帝国陸軍の一兵卒として、中国大陸に従軍しました。その父は、私に「戦争だけは絶対だめだ」と言っていました。父は私に語ることができないようなことをしてきたのかもしれません。

母は私に「原爆が落とされた時、銀行が開くのを待っていた人が、影だけを石に残して死んだ。」という話をしたことがあります。資料館に展示されている「人影の石」のエピソードです。私は、この話を聞いた時、何とも言えない恐怖に襲われました。日常が、抗えない力によって、一瞬のうちに奪われることの恐怖です。

　私は、その父や母の子供として、戦争も核兵器もない世界を作りたいと考えるようになったのだと思います。

　もう一つの話をさせてください。私の小学生時代の恩師が、弁護士になった私に電話をかけてきました。「ケンちゃん。うちの子が朝鮮人と結婚すると言っているんだ。何とか止める方法はないだろうか。」というのです。私は驚きました。朝鮮人に対する差別意識がこのように深く日本人に沁み込んでいることに対する驚きでした。

　私は、そういう風土の中で生活していることを忘れないようにしようと思ったものです。

　ところで、私たち日本反核法律家協会は、この8年間、「朝鮮半島の非核化のために」をテーマとして、大韓民国、朝鮮民主主義人民共和国、中国などの人も含めて、意見交換をしてきました。その問題意識は、朝鮮半島で核戦争は絶対に起こしてはならない、そのためには「北の核」だけを問題にすればいいわけではないということでした。多くの有意義な議論はできたとは思っていますが、朝鮮半島の非核化はまだ実現していません。

　さらに、現在、ロシアやイスラエルは、核兵器使用の威嚇を伴いながら、侵略戦争やジェノサイドを行っています。国連のグテーレス事務総長は核戦争の危機はかつてなく高まっていると警告しています。核戦争の危機は朝鮮半島だけではなく全世界に広がっているのです。核兵器が人間に何をもたらすかは誰でも知っているにもかかわらず、核戦争の危機が高まっていることはまさに異常な事態です。

補論　119

その異常の原因は核兵器保有国や核兵器依存国が「核兵器は相手の攻撃を抑止する道具」としているからです。核兵器が国家安全保障の道具だとする核抑止論こそが、核戦争の危険性を生み出しているのです。核兵器が「死であり、世界の破壊者」であることは「原爆の父」と言われるオッペンハイマーが自覚していたことです。核抑止論者は核兵器という「死神」に地球の命運を委ねようとしているのです。

　核抑止力が破綻しない保証は誰もしていません。それが破綻した時、「壊滅的人道上の結末」が起きることは、核兵器禁止条約が明言するところです。私たちは、この核抑止論を乗り越えなければ、また、原爆慰霊碑を作らなければならないどころか、慰霊碑を建立する人がいなくなってしまう事態を迎えるかもしれないのです。

　そのような事態を起こさせないための根本的方法は、核兵器を廃絶することです。そのために求められることは、米国の政府や市民社会の核兵器観を変えることです。

　私は、韓国の被爆者やその支援者にしかできないことは、原爆投下は植民地解放に役立ったかどうかにかかわらず、絶対に使用してはならない非人道的で国際人道法に違反する行為であることを、米国政府と市民社会に訴えることだと考えています。

　この碑には、「韓民族は、この太平洋戦争を通じ、国家のない悲しみを骨身にしみるほど感じ、その絶頂が原爆投下の悲劇であった」と記されています。

　私は、植民地支配と侵略戦争を行った日本人の末裔の一人として、自らの原点を忘れないようにしながら、韓国の皆さんとも連帯して、核兵器も戦争もない世界の実現のために微力を尽くしたいと考えています。

　皆さん。ともに、頑張りましょう。

　ありがとうございました。

まとめ

　演壇から降りるとき「ありがとうございました」という声が聞こえた。席に戻ったら、隣に座っていた韓国人被爆者のリーダーのシム・ジンテさんから握手を求められた。硬い掌だった。なぜかうれしかった。

　国際反核法律家協会のメンバーであるスイスのダニエル・リエティカーやドイツのマンフレッド・モーアも参加していた。彼らと、佐々木猛也、足立修一、山田寿則、田中恭子さんたち日本反核法律家協会のメンバーと一献傾ける機会があった。ダニエルとマンフレッドが、SPARKの運動をどう思っているのかを私に聞いて来た。

　私はこんなふうに答えておいた。

　米国の原爆投下を米国の裁判所で裁かせるというプロジェクトは「ミッション・インポシブル」かもしれない。私もそれに挑戦したことがあるのでそう思う。けれども、彼らはそれに挑戦しているのだ。それを知ってしまった私は「逃げるわけにはいかない。出来ることはしなければ」と思っている。

　彼らもうなずいていた。

補論　121

4 韓国人被爆者の立場から見る広島・長崎への原爆投下の歴史的意味
──日本の反核法律家からのコメント

　私は、日本反核法律家協会、日本弁護士連合会（日弁連）核兵器廃絶部会、核兵器廃絶日本 NGO 連絡会、核兵器をなくす日本キャンペーン、非核の政府を求める会、ノーモア・ヒバクシャ記憶遺産を継承する会などで活動する市民社会の一員です。

　私の任務は、オ・ウンジュン江原大学文化人類学教授の「韓国人被爆者の立場から見る広島・長崎への原爆投下の歴史的意味」と題する報告についてのコメントですが、私には、オ先生の網羅的かつ専門的な報告について、全面的にコメントする能力はないので、いくつかのポイントに絞ってコメントすることとします。

　第一は、被爆者を生み出した加害者の確認です。第二は、朝鮮半島での武力衝突は絶対に避けなければならないということです。第三は、核被害の実情をどう継承し、多くの人に「自分事」として考えてもらうかということです。

　また、このコメントに際して、私たち日本反核法律家協会が、2016年から2023年の 8 年間にわたって連続して企画してきた「朝鮮半島の非核化のために」をテーマとする意見交換会の成果にも触れたいと思っています。

　この意見交換会は、韓国の弁護士、朝鮮大学校の教員、中国人研究者、山田寿則先生など日本の研究者、在日の弁護士、反核平和活動家の協力をえて行われてきました。とりわけ、韓国の崔鳳泰弁護士には、毎回のように参加していただいています。2020年と2021年には韓国原爆被害者協会イ・ギュヨル会長にも参加してもらい「民衆法廷」の話をお聞きし

ています。

　その際に、私たちが配慮したのは、韓国だけではなく、朝鮮民主主義人民共和国（以下、北朝鮮）の状況を知っている方たちの協力をえるということでした。朝鮮半島の非核化を求めるのであれば、北朝鮮を除外して考えることは出来ないからです。

　なお、意見交換会の成果は日本反核法律家協会の機関誌『反核法律家』に掲載されていることをお伝えしておきます。

　前置きが長くなりましたが、始めて行くことにします。

Ⅰ　曖昧にされる投下責任

1　誰も韓国人被爆者に対する責任を自覚していない

　韓国人被爆者に塗炭の苦しみを与え、また、与え続けているのは、原爆を投下した米国、植民地支配をしていた日本、救済の手を差し伸べなかった韓国政府です。いずれの政府も、被爆者に対する責任を自覚していないのです。

《米国の場合》

　オ先生は、冒頭、2016年の広島でのオバマ米国大統領（当時）の「71年前、雲一つなく晴れた朝、空から死が落ち、世の中が変わった」という演説を引いて、オバマ氏は「核兵器投下の主体」について触れなかったと指摘しています。

　確かに、原爆投下によって「世の中が変わった」と言えるでしょう。なぜなら、人類社会は、人間が作ったものによって滅亡するかもしれない「核の時代」に入ったからです。

　けれども、原爆は自然現象として「空から落ちてきた」ものではありません。米国が意図的に投下したものです。オバマ演説は、そのことを曖昧にしているのです。投下の主体を曖昧にしたままで、その責任など

補論　123

自覚できるはずはありません。米国には加害者としての自覚がないのです。それは、被害者の存在を無視していることを意味しています。米国は被爆者の存在とその容認しがたい被害を無視しているのです。

もし、米国が被爆の実相を直視し、その「壊滅的人道上の結末」を知るならば、その投下責任を自覚するだけではなく、核兵器に依存する政策などはとらないでしょう。

むしろ、米国は、原爆投下について、戦争を早期に終結させ犠牲者の数を減らしたとか、植民地解放に役立ったなどとしています。原爆投下を正当化しているのです。

《韓国の場合》

次に、オ先生は、2023年の尹大統領の「韓国同胞たちが原子爆弾被爆にあった時、わが国は植民状態であったし、解放し、独立はしたものの、国に力がなく共産（北朝鮮）の侵略を受けて本当に苦しかった。わが同胞たちが他国で苦難と苦痛を受けているのに、大韓民国の政府、国家が皆さんのそばにいなかった。」という演説を引いて、韓国人被爆者の苦痛に対する韓国政府としての責任を明示していないと指摘しています。

そして、被爆者の苦痛を一般的な戦争の惨禍と同レベルで扱い、その被害の特殊性を非可視化しているとしています。韓国政府も「植民地支配」と「共産の侵略」という外因のせいにして、被爆者救済をしなかったことに対する反省はないとの指摘です。

いずれの政府も、求められたことをやらず、求められないことをやる場合があります。日本政府は「黒い雨」の被爆者、「ビキニ核実験」の被ばく者などの救済には消極的ですが、原発再稼働政策は積極的に進めているのです。

《日本の場合》

更に、先生は広島平和公園にある「安らかに眠って下さい 過ちは 繰返しませぬから」という碑文も主語が曖昧だとしています。確かにそのとおりであって、ここでも、誰が「過ち」を侵したかは曖昧にされています。

私は、かつて、ある大学生から、この碑文についての感想を求められたことがありました。私は、次のように答えました（拙著『「核の時代」と憲法9条』日本評論社、2019年）。

亡くなられた方への鎮魂の言葉として重く受け止めています。突然、日常生活を奪われた人たちがたくさんいます。死を免れた方たちにも筆舌に尽くしがたい困難が待ち受けていました。核兵器禁止条約の前文でヒバクシャの「容認しがたい苦痛と被害」と表現されているとおりです。

ただし、私たちには、安らかな眠りを祈るだけではなく、このような事態が二度と起きないようにするための努力が求められています。また、誰が過ちを犯したかについても曖昧です。投下したのは米国です。意図的な行為であって過失ではありません。そして、米国はそのことについて反省も謝罪もしていません。

日本政府は、被爆も他の戦争被害と同様に「受忍すべきもの」としています。投下の遠因となっている侵略戦争についての反省も不十分です。そういう意味では、鎮魂は必要ですがこの言葉の立ち位置に止まっているだけでは、本当の意味での鎮魂にならないと考えています。

学生からは「鎮魂の意味を考えさせられました。」との返事が届きました。

2　加爆者はいないのか、加爆国はないのか

大日本帝国が朝鮮を支配していた当時、両親が徴用されて広島で生活していたシム・ジンテさんは「戦犯国である日本に強制的に連行された

補論　125

韓国人がどうして爆死し、原因不明の病気に苦しみながら死んでいかなければならないのか、原爆を投下した米国に問いたいのです。」、「『被害者はいるが加害者はいない』という現実は、どうしても理解できないのです。これからでも、加害者の責任を究明し、被害者の心の淀みを晴らすために民衆法廷に参加することを決めました。」としています。ジンテさんは「加害者がいない」ことを深刻に問いかけているのです。

このことについて、2016年開催の「朝鮮半島の非核化のために」の意見交換会で、朝鮮大学校の高演義先生は次のように報告していました。

　「核なき世界」というセリフでノーベル平和賞を受賞しながら、朝鮮半島の非核化も実現できなかった口先だけの大統領にどこまで騙され続けるのか。被爆国、被爆者という言葉はありますが、その対になる言葉として、あえて加爆国、加爆者、という言葉を提案します。被爆国という言葉ばかりが独り歩きして、誰が原爆を投下したのかを顧みる言葉がないのです。加爆国という言葉の発明は、ノーベル言語学賞ものだと思います。

高先生は、加爆者がいないことに怒りを覚えていたのです。

3　核をめぐる現在の状況

私も、原爆投下は自然現象ではないし、人間が人間に対して行った「世界が変わる行為」だったと考えています。原爆はあのオッペンハイマーが言うように「死神であり破壊者」なのです。核兵器不拡散条約（NPT）は、核戦争は「全人類に惨害をもたらす」としているし、核兵器禁止条約（TPNW）は、核兵器のいかなる使用も「壊滅的人道上の結末」をもたらすとしています。

他方で、原爆を誰が使用したかは誰でもが知っているけれど、その責

任は追及されていないし、裁かれてもいないのです。その作業が行われない限り、核兵器国は核兵器依存を続けるでしょうし、核兵器に依存しようとする国家は増えるでしょう。

現に、日本や韓国は米国の「核の傘」依存を強化しているし、北朝鮮は核兵器の先制使用政策を表明しています。朝鮮半島では核対核の対立が激しくなっているのです。ロシアは核兵器の使用を仄めかしながらウクライナへの侵略を続けています。イスラエルも核をちらつかせながらガザ地区でのジェノサイドを止めようとはしません。スウェーデンやフィンランドはNATOに加盟しているし、ポーランドも「核共有」を希望しています。核兵器が「復権」しつつあるのです。

国際情勢をよく知る立場にあるグテーレス国連事務総長は、冷戦時代よりも核兵器使用の危険性が高まっていると警告しています。米国の核兵器の専門家たちは「終末」まで90秒としています。核戦争の危機は迫っているのです。

4　被爆者の存在を忘れてはならない

私は、核問題を考える際に基礎に置かなければならないことは、歴史上、誰も味わったことのない「容認しがたい苦痛と被害」を受けた被爆者の存在だと考えています。その苦痛には、肉体的、精神的な苦痛にとどまらず、社会の無知や偏見による苦痛も含まれているのです。

そして、その被爆者は「私たちを最後の被爆者にして欲しい」としています。私は、その決意は人類社会の未来に向けての呼びかけだと受け止めています。

核兵器は人間が作ったものでありながら、人間が制御できない力で、人間に襲いかかります。だから、核兵器は「悪魔の兵器」であり、最終兵器なのです。

「人類と核兵器は共存できない」ことは、1945年8月の広島・長崎の

補論　**127**

「被爆の実相」から明らかです。核戦争がもたらす「核の冬」についての研究も公表されています。核戦争を「高みの見物」をする場所はないのです。私たちは、人類の一員です。核兵器とは共存できない立場にあるのです。

　私たちは、核兵器を一刻も早くなくさなければなりません。核兵器が存在する限り、それが意図的に使用されるだけではなく、事故や誤解など意図せざる原因によって使用される可能性があるからです。核兵器不拡散条約（NPT）を補完するものとして核兵器禁止条約（TPNW）が作られた背景には、このような事情があることを忘れてはなりません。

5　核兵器廃絶は「果てなき夢」ではない

　オバマ元米国大統領は「核なき世界」を訴えました。けれども、彼は「私が生きている間は無理かもしれない。」としていました。そのオバマ氏を尊敬するという岸田文雄前首相も「核なき世界」を求めるとしています。けれども、それは「未来永劫の夢」だとしています。「未来永劫」とは果てしなく長い年月という意味です。「果てなき夢」だというのです。要するに、彼らは「核なき世界」を口にするけれど、今は無理として「永遠の彼方」に追いやっているのです。「核なき世界」の実現を喫緊の課題としている私たちとは、その点で大きな違いがあるのです。

　私は、核兵器廃絶は決して「果てなき夢」とは考えていません。その理由は、そもそも核兵器は人間が作ったものだからです。人間が作ったものでないとするならば、それを人間の力でなくすことは不可能かもしれませんが、核兵器は決してそうではありません。物理法則と技術力によって作られている「人工物」です。なくそうとする意思があれば物理的な解体は可能なのです。

　現に、1986年当時には7万発あった核弾頭は、現在、12,500発程度に減少しています。しかも、それは、米国とソ連（ロシア）との間で、相

互に検証される形で削減されてきたのです。削減された核兵器の数の方が残っている数よりも圧倒的に多いのです。政治的な意思があれば核兵器はなくせるのです。私たちはそのことに確信を持ちましょう。

6 何から始めるか

そうすると問題は、核兵器国の政治指導者に対して、どのように核兵器廃絶の意思を形成させるかです。政治家に影響を与える王道は、市民社会が核兵器廃絶の意思を持ち、それを政治家に実行させることです。

では、市民社会にその意思を形成してもらうためには何から始めるかです。それは、まずは、核兵器が人間に何をもたらしたかを知ってもらうことです。原爆投下の正当化理由の欺瞞を暴くことや、核兵器に依存しての安全保障（核抑止論）は虚妄であるだけではなく危険だということを認識することも必要ですが、何から始めるかということでいえば「被爆の実相」の共有だと思うのです。人は事実を否定できないからです。被爆者が「被爆の実相」を語り継ぐことにはそういう意味があるのです。

7 原爆投下は違法

原爆投下を命じた米国大統領トルーマンは、投下直後、原爆は「宇宙の根源的エネルギー」を利用したものであり「極東に戦禍をもたらした者たちに解き放たれた」と演説しています。トルーマンは原爆の威力を承知していたのです。それを「極東に戦禍をもたらした者」に使用したのです。「極東に戦禍をもたらした者」とは大日本帝国であり、朝鮮を植民地支配する者のことです。トルーマンは、原爆の特殊な威力を承知したうえで、原爆投下は植民地解放に役立ったかのように言っているのです。

私がこの演説について指摘しておきたいことは二つあります。一つは、

補論　129

原爆投下は植民地解放に役立ったのかどうかです。もう一つは、役に立つのなら、原爆投下は許されるのかどうかという問題です。

原爆投下が植民地解放に役立ったかどうかは、「原爆投下は戦争の終結を早め、多くの人命を救った」という言説と同様に、その結論は分かれています。私は、それらの言説は、原爆投下を正当化するための謬論であると考えているので、説得力を認めていません。

けれども、その言説を信じている人がいることは事実です。そこで問題は、そういう人たちとどのような論点で議論をするかです。それは、植民地解放や戦争の早期終結という「大義」があれば、核兵器の使用が許されるのか、許されないのかという問題です。

原爆は、核分裂反応がもたらす膨大なエネルギー（高熱、爆風、放射線）によって、無差別かつ大量に人々を殺傷します。人間が作ったものも、人間が造れないものも破壊します。しかも、その殺傷の方法は残虐です。そして、その悪影響は世代や国境を超えるのです。これらが「核兵器の特性」であり「宇宙の根源的エネルギー」なのです。そのような強力な兵器を使用していいのかという問題です。

この論点について、国際人道法は、戦闘の方法・手段は無制限ではないとしています。無差別な殺傷や破壊をもたらす兵器や兵士に残虐な死をもたらす兵器などの使用を禁止しているのです。「原爆裁判」は、この法理は、1945年8月当時、すでに確立していたと判断しています。

この判断枠組みによれば、戦争の早期終結のためであれ、植民地解放のためであれ、原爆投下は許されない違法な行為となるのです。「大義の達成」のためとはいえ、その方法・手段は非人道的であってはならないのです。非人道的な方法・手段による目的達成は不正義であり違法なのです。

私は、この「民衆法廷」の試みは、米国にその「不正義」と「違法性」を自覚させるための運動だと理解しています。

130　　4　韓国人被爆者の立場から見る広島・長崎への原爆投下の歴史的意味

Ⅱ　朝鮮半島での武力衝突は絶対に避けなければならない

　今、日本政府は、中国、北朝鮮、ロシアを安全保障上の重大な脅威としています。その脅威と対抗するために、自衛隊の強化だけではなく、国家あげての防衛力強化が必要だとしています。加えて、拡大核抑止の強化を含む、日米同盟の強化を図っているのです。先日の日米共同宣言は日米同盟のグローバル・パートナー化を確認しています。

　私は、日本版「先軍思想」に基づく現代版「国家総動員体制」の確立が進行していると憂慮しています。

　その上で、私が、ここで述べておきたいのは、日本社会は北朝鮮の核とミサイルに過剰ともいえる対応をしていることについてです。北朝鮮がミサイル発射をするたびに、日本ではＪアラートが発令されます。すべてのテレビがそのことで一色になるのです。

　私は、その光景に接するたびに、2017年の意見交換会のことを思い出します。

　この意見交換会では、崔弁護士と高先生は、朝鮮半島での武力衝突が起きれば「全てが破滅する」との意見で一致していました。私もそのとおりだと聞いていました。

　けれども、もう一つ衝撃を受けたのは、在日三世の金竜介弁護士の「武力衝突が起きれば、日本国内で、朝鮮人に対するジェノサイドが起きる」という懸念の表明でした。金弁護士は、日本人による在日同胞に対する大量虐殺を心配していたのです。

　ここでは、朝鮮半島での「破滅」と日本国内での「朝鮮人虐殺」という二つの恐怖が語られていたのです。

　私はこの恐怖を杞憂とすることはできませんでした。なぜなら、私は「三光作戦」、「原爆投下」、「ベトナム・ソンミ虐殺」、「イラク・ファルージャ虐殺」など戦時における無差別な残虐行為を知っているからです。

補論　131

また、関東大震災時の「朝鮮人虐殺」も忘れられないからです。そして、私には、狂気の集団による在日の人たちへの襲撃を止める力はないのです。

朝鮮戦争が再燃すれば、そういう事態は現実化するでしょう。もしそうなれば、私は、米国の情け容赦のない殺戮と破壊を阻止できないし、偏狭と狂気にからめとられた日本人グループの在日朝鮮人に対する暴虐も阻止できないという形で、加害者の一味になってしまうでしょう。

だから、私たちは、どんなことがあっても、朝鮮半島での軍事衝突は避けなければならないのです。更に、軍事衝突が起きれば、核兵器使用の危険性が高まります。そのような危険な事態を生じさせないためには、核兵器使用の実相を体験している被爆者の発信が求められているのです。私たちは朝鮮戦争を終結させなければならないのです。

Ⅲ　被爆者運動をどう継承するか

被爆者の高齢化が進んでいます。それは避けられない事態です。私たちは「人類と核兵器は共存できない」、「被爆者は私たちを最後にして欲しい」としてたたかってきた被爆者の運動を継承し、「核なき世界」を実現しなければならないのです。その大前提は、「核なき世界」の実現は、決して、被爆者だけの課題ではなく、自分自身も含む「全人類的課題」だということの自覚です。

多くの人は核兵器のことなど考えることもなくその日常を送っています。それは、決して責められることではありません。核戦争のことなど考えないで生活する方が気楽でいいからです。

けれども、世界には核兵器は存在するし、なぜ、核兵器を使用してはいけないのか理解していない大統領が「核のボタン」を握っているのです。誤報に従ってミサイルが発射されそうになった事態も報告されています。原発も含めて考えれば、私たちは「核の地雷原」で生活している

ようなものです。

　いたずらに不安を煽り立てる必要はありませんが、現状認識は不可欠です。核兵器使用の危機が存在していることは事実なのです。核問題は「自分事」なのです。

　そのことを考える上で重要な意見交換会でのいくつかの報告を紹介します。

《山根和代報告》

　2019年の山根和代立命館大学国際平和ミュージアムの専門委員の報告。

　相互理解のために何ができるのかを考えると、日本の草の根の平和博物館・平和資料館をもっと活かしていくことが重要ではないかと思います。また、韓国の被爆者など外国人・在外被爆者の展示も重要です。広島平和記念公園には朝鮮人原爆犠牲者慰霊碑がありますし、長崎にも原爆朝鮮人犠牲者追悼碑があります。日本の被爆二世が韓国で原爆展を行ったところ、日本が植民地で何をしたか考えてみろと反発があったそうですが、韓国の被爆二世が同じ展示をしてもそういう反応はなかったそうです。

　そして、アジアの博物館でも、日本の反戦運動や反核平和運動をもっと展示してもらうようはたらきかけることも大事です。相互の認識のギャップを埋めるために、いろいろできることはあるはずです。

《中村桂子報告》

　2020年の長崎大学核兵器廃絶研究センターの中村桂子先生の報告。

　今、私は軍縮教育に関する共同プロジェクトに携わっています。北東アジアの非核化と平和に資する大学生向けの教育プログラムと教材をつくるプロジェクトです。その一環として、日本の国立大学法人62大学を対象にシラバス調査を行っています。シラバスの範囲ですが、いくつか

補論　133

の特徴が浮かんできました。そもそも軍縮・核兵器の問題を扱っている科目が本当に少ない。核兵器については北朝鮮以外の問題は、ほとんど登場しません。

日本と核の関係性、例えばプルトニウムや核の傘といった問題が扱われるケースはほとんど見られませんし、理論的概念的歴史的なテーマが多いけれども、現在進行形の国際問題を扱った科目は少ない。核被害の実相、核や放射線の負の影響について学ぶ科目というのは本当に少ないという状況にあります。

《市場淳子報告》

2021年の「韓国の原爆被害者を救援する市民の会」市場淳子会長の報告。

今、日本国内では、日本政府に賠償を求める韓国の被害者の運動に対し、誹謗中傷めいた言論だけがどんどん大きくなっています。元々、植民地時代に起きた被害の問題をいかに解決していくかという姿勢に、日本社会の世論が立ち戻っていかない、そういう現状が立ちはだかっています。この日本社会の雰囲気を変えていかなくてはなりません。

また、韓国の被爆者が非常に力を入れている、アメリカ政府に対する謝罪と賠償を求める取り組みについては、すべての国の被爆者が力を一つに合わせる、そして各国の被爆者を支援する人たちが支援運動の大きな輪をつくる、そういう重要な課題だと思います。

このように見てくると、私たちを取り巻く情勢は、決して楽観できるものではありません。むしろ、多くの困難を抱えています。けれども、絶望する必要はないし、そうしている場合でもないのです。「核兵器なき世界」の実現は可能だし、そのための努力も積み上げられているからです。

まとめ

　原爆が人間に何をもたらしたかを知らせていくことは、被爆者救済のためにも、核戦争阻止のためにも、「核兵器なき世界」実現のためにも、最も基礎に置かなければならないことです。そのために、被爆者のたたかいを継承する運動と組織が求められています。

　そんな思いを持っている私は、現在、「ノーモア・ヒバクシャ記憶遺産を継承する会」や「核兵器廃絶日本 NGO 連絡会」にかかわっています。つい最近、「核兵器をなくす日本キャンペーン」も立ち上がっています。

　日本原水協のような伝統ある組織の奮闘はもとより、様々な特色を持つ反核平和勢力の大同団結が求められています。

　「核なき世界」の実現のためにはそれが不可欠です。

　植民地支配と被爆という二重の被害を受けている韓国人被爆者は、過去の清算と「核兵器なき世界」という未来の形成に深くかかわっています。私は、日本の市民社会の一員である法律家として、過去の清算には加害者としての自覚を持ちながら、そして、「核なき世界」の実現のためには同じ志を持つ者として連帯していこうと決意しています。

　以上で、私のコメントを終わります。

　ありがとうございました。

補論　　135

5 | 平和、武力反対、自主、気候重視
──台湾の学者たちの反戦声明

はじめに

2024年5月22日〜26日の5日間、日本AALA（アジア・アフリカ・ラテンアメリカ連帯委員会）が企画した、台湾・金門島、花蓮市をめぐる「平和のための市民交流の旅」に参加した。参加の動機は、「台湾有事」がいわれているので、台湾の状況を少しでも肌で感じたいということにあった。

ちょうど、中国が台湾の頼清徳新総裁の姿勢に反発して軍事演習をしている最中だった。台北のホテルではNHKニュースを視ることができるので、日本では「大騒ぎ」になっていることを知ることはできた。もちろん、台湾でもニュースになっているけれど、現地のガイドは「いつものことです。」として緊張感はまったくなかった。

中国大陸との最前線にある金門島出身の琉球大学への交換留学経験のある青年も、普通に台北と金門島を行き来して（飛行機で片道1時間10分程度）、私たちたちを案内してくれた。主催者の富士国際旅行社の責任者が先乗りして安全を確認しようとしたけれど「そんな必要はない」と言われたという（対岸の厦門までは最短2キロ。砲弾が届く）。晴れていれば厦門が見えるそうだけれど、あいにくと雨だった（残念）。

金門島には軍事基地や慰安所が設置されただけでなく、網の目のように地下トンネルが掘られていた。16歳以上の住民はすべて動員されていたそうだ。今でも、金門島の海岸には上陸用舟艇を阻止するための鉄棒が沢山刺さっている。人民解放軍と戦った台湾側の兵士も大陸の出身だ

ったというから、何か切ないものを感ずる。

　現地の新聞報道によれば、中国軍は米国の対応を考えて実弾は使用していなかったという。事務所のメンバーや家族には心配かけたけれど、金門島も含めて平穏な旅であった。

　それはそれとして、いくつかの貴重な体験もした。一つは、「平和、武力反対、自主、気候重視」と題する反戦声明を発した学者グループと対話できたこと。二つには、大日本帝国が敗戦して台湾から撤退した後、台湾では民衆の抵抗や「白色テロ」があったことを知ったこと。三つめは、花蓮市に行ったことである。

　その三点についての感想を述べておく。

台湾の学者の反戦声明

　台北で配布された資料の中に、2023年3月20日、台湾の学者・研究者グループ37人が発出した「反戦声明」があった。その内容は、①ウクライナの平和　停戦交渉を。②米国の軍国主義と経済制裁は中止を。③米中戦争はいらない　台湾は自主を　大国とは友好的で等距離の関係の維持を。④国家予算は人々の生活・気候変動緩和に使え　戦争や軍事に使うな、の4項目である。

　①では、和平交渉は停戦の唯一の道であるとして、NATOに対して、外交的努力を妨害することを止めることなどを求めている。

　②では、アメリカは建国以来、戦争をしなかったあるいは参加しなかった年はほとんどない。2001年以降の20年間で米国の国防支出は14兆ドルに達し、そのうちの2分の1から3分の1が軍需産業の懐に入っている。NATOの兵器がウクライナに入り続ける限りこの戦争の終わりは見えない、ということなどに触れられている。

　③では、米中双方は、すべての意見の相違を平和的手段で解決しなければならない。台湾の安全を犠牲にして戦争の瀬戸際に追い込もうとす

補論　**137**

る米国高官の台湾訪問を歓迎しない。台湾は自主独立の立場をとり、全人類の平等・福祉・平和を増進できる分野で各国と協力すべきである。各大国とは等距離の外交を維持し、知恵のある戦略と手腕をもって台湾海峡両岸の安全を守るべきである。アメリカの覇権主義の弟分や子分になるべきではなく、逆に、中国の「戦狼」の対抗関係の一環となるべきでもない。私たちは、挑発行為を非難し、挑発行為の停止がもたらす効果は、戦争の発動よりもはるかに大きなものであることを信じている、とされている。

　④では、世界が異常気象、水資源枯渇、生物多様性喪失などの多重の危機に直面している今、国家予算はこれらのために使用されるべきであって、軍拡競争や相互挑発というブラックホールにつぎ込むべきではない。1万3000発もの核弾頭を保有する世界において、迫り来る核による壊滅の脅威が気候変動の危機を覆い隠している。全てが静寂になってしまったとき、政治家たちが戦争で守れると主張する「主権」、「民主主義」、「自由」はどこにあるというのだろうか、とされている。

　その結びはこうである。

　私たちは大陸中国による台湾に対するあらゆる侮蔑、弾圧や武力による威嚇に反対する。しかし、台湾の主要メディアの戦狼・中国に対する批判を繰り返すことは、この声明の役割ではない。私たちが望むのは、人々の英知を集め、米中対抗の下でのより冷静で平和的な台湾独自の進むべき道を考え出すことである。

　この声明が台湾の市民社会において国際政治と両岸危機に関するより理性的な公開討論と対話の引き金になることを願っている。

王さんたちとの交流

　私たちは、この声明に署名している台湾中央研究院歐美研究所の王智明氏たちと研究所の会議室で交流した。台湾中央研究院は国立の研究機

関で3千人からのメンバーがいて、自由に研究しているという。王氏の見解は声明に示されたとおりだし、同席した二人の若い研究員も「ロシアの武力行使は侵略だけれど、NATOの東方展開も問題だ」、「中国との緊張の責任はもっぱら米国にある」とか「べ平連の活動や全共闘の研究をしている」などと報告していたので、自由に研究をしているというのは本当だと思った。政府の研究機関で政府の方針とは異なる見解を外国人に話しているのだから、台湾では「学問の自由」や「言論の自由」は保障されているのであろう。

私の発言

　私も日本の平和活動家として発言の機会が与えられた。私は、まず、「1万3000発もの核弾頭を保有する世界において、迫り来る核による壊滅の脅威が気候変動の危機を覆い隠している。全てが静寂になってしまったとき、政治家たちが戦争で守れると主張する『主権』、『民主主義』、『自由』はどこにあるというのだろうか」という部分に強く共感すると述べた。私も、核兵器使用の危機は迫っているし、日本では国家あげての戦争準備が進められていることに危機感を抱いているだけではなく、「全てが静寂になってしまったとき」というフレーズにカントの「永遠平和のために」を感じたからである。

　その上で、日本反核法律家協会の紹介と日本国憲法9条の話を続けた。9条の背景には原爆投下があったこと。つまり、今度、世界戦争になれば核兵器が使用されて人類社会は滅びるかもしれない。だから戦争をしてはならない。戦争をしないのであれば戦力はいらない、という論理を時の政府は展開していたことなどを紹介した。また、世界には軍隊のない国が26か国あるのだから、核兵器も戦争もない世界の実現は決して夢物語ではないことも発言した。

　そして、現在問われているのは「核兵器による平和か」、「平和を愛す

補論　　**139**

る諸国民の公正と信義による平和」かである。私たちの選択は明らかで
はないかと提起した。

　最後に、皆さん方の考えが台湾では多数派でないことは承知している。
私たちの主張も同様に国内では少数だ。けれども、皆さん方のような人
が台湾にいることを知ったことはうれしい。私たちのような日本人がい
ることも知って欲しいと結んだ。

　三人とも大きく頷きながら聞いてくれていた（ように見えた）。同行
したメンバーは「いい交流ができた」と言ってくれた。事前の準備はで
きなかったけれど、台湾の学者・研究者の「声明」に触発されて、それ
なりに自説を語れたように思う。有意義な時間だった。

日本敗退後の台湾

　私は、日本が撤退した後の台湾で何があったのかはほとんど知らなか
った。不勉強だったことが恥ずかしい。二例紹介する。

　1945年に日本が撤退した後、台湾は中華民国の台湾省行政長官が支配
することになった。けれども、彼らは汚職にまみれていた。酒、タバコ、
砂糖、塩などは専売とされ、経済は不況に陥り、米価の高騰や失業問題
が深刻化した。1947年2月27日、闇タバコ売りの市民が官憲に誤射され
たことがきっかけとなって、台湾全土を揺るがす「二・二八事件」が起
きる。蒋介石の国民党政府は軍隊を派遣してこれを鎮圧する。市街地で
機銃掃射が行われ、無防備の市民が射殺され、流れ弾で死んだという。
日本の植民地支配から解放されたと思ったけれど、決してそうではなか
ったのだ。これらの史実は「二二八国家紀念館」に常設展示されている。

　1949年、国共内戦に敗れた蒋介石は、台湾での統治体制を確立するた
めに、戒厳令を施行し、「敵対者」を逮捕し、裁判にかけ、処刑する。
無期懲役判決は、死刑判決ではないので、それを喜ぶ人たちがいたとい
う。この野蛮な「白色テロ」の時代は1992年まで続く。この「白色テ

ロ」の案件は1万件以上に上るという。これらの史実は「国家人権博物館」で確認できる。当時の法廷や獄舎は残っているし、死刑囚がつながれていたという鉄鎖まで陳列されている。

現在、台湾政府はこれらの史実を隠していない。生徒たちもこれらを勉強することになっているようだ。「敵対者」に対する弾圧は古今東西熾烈を極めることは周知のことだけれど、台湾はその史実を国家として記録し展示しているのだ。

日本では治安維持法下での政府の行為を反省する兆しはない。被害者の声は完全に無視されている。日本にも「国家人権博物館」が必要だと思えてならない。

花蓮市でのこと

花蓮市は台北から在来線特急で約2時間30分のところにある太平洋に面した街だ。2024年4月にマグニチュード7の地震があったばかりなのでその爪痕は残っている。なぜ、ここに行こうとしたかというと、ここと与那国を結ぶ高速艇に乗れそうだという話を聞いたからだ。与那国と花蓮は110キロの距離にある姉妹都市だ。中国と台湾との間に何かあれば最も影響を受けることになるだろう。どんな所か知っておきたいという好奇心だった。高速艇はまだ運航されていないけれど足を延ばしたのだ。

花蓮市は与那国との関係もあって、日本に大地震があると、義援金を送ってくれるという。そういうことならば、とこちらも義援金を届けることにした。そうしたら、なんと、市長さん自らが歓迎してくれたのだ。魏さんという40代の市長さんだった。市の職員が何人か接待にあたってくれた。出されたお菓子はすごく柔らかくて喉に詰まりそうだった。花蓮市の「日本人会」の人たちとも交流した。大久保キンちゃんという

補論　141

人がいた。私は、大久保ケンちゃんだと伝えておいた。何人かは台湾の「原住民」の人と結婚していると言っていた。

その昔、花蓮には大勢の日本人が生活していたという。四国の霊場巡りを体験できるお寺も含めて、その名残があちこちにある。日本を捨てて台湾で開拓をした人たちは、敗戦によって、全てを奪われて日本に送還されたという。

歴史に翻弄されるのは、いつも庶民だ。権力者の愚かで野蛮な思い付きで翻弄されることはもうなくしたいと思う。

まとめ

米国の対中政策が変わったせいで、日本も台湾も中国との「熱い戦い」に巻き込まれるかもしれない。2024年5月20日、中国の呉江浩駐日大使が、日本が「台湾独立」や「中国分裂」に加担すれば「民衆が火の中に連れ込まれることになる。」と発言したという。それを問題発言だと騒ぎ立てる勢力があるけれど、「敵国」の大使が言っているのだからその危険はあると受け止めることが肝要であろう。「台湾有事」は「日本有事」だというのは、その危険を自ら招くようなものだということを忘れてはならない。

私たちに求められていることは、米国の扇動に乗って軍事力を強化することでも、台湾に味方することを誘引することでもなく、人々の英知を集め、米中対抗の下でのより冷静で平和的な日本独自の進むべき道を考え出すことであろう。武力衝突となれば核兵器が使用され「すべてが静寂となる」かもしれないのである。

今回の旅行でも、日本兵や国民党軍の兵士にその身を委ねさせられた女性たちの施設、台北の「アマの家（平和と女性人権館）」と金門島の「軍隊慰安婦たちの記念館」を訪ねた。彼女たちの身の上に共通することは、貧国と無知とジェンダーだ。そういう女性たちの存在を当然視す

142　5　平和、武力反対、自主、気候重視

る橋下某のような人もいる。彼らには、核戦争の危機や気候危機などは
もちろん、人権や正義なども関心がないのであろう。そういう連中を生
み出し、持ち上げる社会風土も含めて変革が求められているようである。
　故宮にも行った。ここでは人間の可能性をみたような気がする。自由
をえた未来社会に生きる人たちは、私たちが想像もできないような何か
を創造する可能性である。人は凄いことができるものだと改めて思う。
　色々なことを考えさせてもらえる旅だった。

補論　143

6 | インドネシアの1週間
—— 「慰安婦」と ASEAN 本部を訪ねて

はじめに

　2023年11月26日から12月2日の1週間、インドネシアのジョグジャカルタ、ジャカルタ、バンドンに行って来た。日本 AALA（アジア・アフリカ・ラテンアメリカ連帯委員会）インドネシアツアーの一員としての参加だ。日本 AALA は、1955年に設立された、アジア・アフリカ・ラテンアメリカの地域の人々と連帯し、非核・非同盟の日本を目指す団体である。私は古くからの会員で埼玉 AALA の代表委員の一人なのだ。

　このツアーの目的は、ASEAN 本部に「戦争するな！どの国も！」の国際署名を届けることがメインとされていた。私はこの署名運動に主体的に取り組んでいたわけではないけれど、ASEAN についてもっと知りたいと思っていたので、即決即断で申込したのだ。

　ツアーでは、ヒンズー教や仏教の大伽藍跡などの宗教遺跡や元王宮や博物館見学もあった。宗教の人々に対する影響力の大きさを再認識し、インドネシアの歴史を知る貴重な機会であった。それはそれとして、ここでは、以下のエピソードを記しておきたい。

ソロのスキニさんのこと

　京都と姉妹都市のジョグジャカルタからバスで2時間ほどのところにソロという街がある。そこに、スキニさんという96歳になる女性が生活している。彼女は、14歳の時に日本軍によって「慰安婦」とされ、日本軍の敗北まで日本兵の相手を強制されていた人だ。終戦後、日本軍の

「兵補」（へいほ・日本軍の下で強制労働させられていた現地人）だった男性と結婚し、5人の子供をもうけたが、今も、証言活動を続けているのである。

私たちは、彼女の自宅を訪問し、その証言に耳を傾けた。彼女は、騙され、脅され、監禁されてインドネシア各地で18歳まで性奴隷とされていたのである。私は、1993年、実名で告発した最初の「従軍慰安婦」の金学順（キム・ハクスン）さんの証言を聞いている。私は、「戦争中にはそんな存在はどこでもある。」などというしたり顔の解説をする連中に彼女たちの話をぜひ聞いてもらいたいと思う。

スキニさんの話を聞いた翌日、王宮で、中学2年生の修学旅行生と一緒になった。ヒジャブを被った女子生徒のあどけない顔を見ながら、当時のスキニさんもこんな子供だったのだろうと想像していた。大日本帝国は、アジア各地で、自分の娘には絶対させないようなことを現地の女性たちに強いていたのである。

ところで、自民党の総裁選に出馬した高市早苗氏は「私は戦後生まれだから戦争責任などない。」と言っている。私は、そのセリフをスキニさんの前で言わせてみたいと思っている。日本は、こういうことを恥ずかしげもなく言い放てる人が首相になるかもしれない国なのである。

けれども、この国にも高市氏のような人だけではない。このツアーのメンバーは、スキニさんの「雨漏りがしない家に住みたい。」という希望に応えるために、カンパをしてきたのである。彼女たちの戦争はまだ終わっていないし、私たちの戦争責任も果たされていないと改めて思っている。

ASEAN の事務所で

私たち一行は、ジャカルタにある ASEAN 事務所を訪問した。対応してくれたのは、リー・ユン・ユンというシンガポール出身のディレクタ

補論　145

ーだった。

吉田万三団長（日本 AALA 代表理事）は、「戦争するな！ どの国も！」の国際署名を提出するにあたって、「創立55年を経た ASEAN は、内政不干渉と紛争の話し合い解決の原則をもとに、紛争を大きな戦争に発展させない努力を重ねている」、「ASEAN のイニシアチブを全面的に支持するとともに、東アジアに平和の共同体を建設する努力を発展させてほしい」と口上を述べた。

リー氏は、「この地域には、56年間大きな戦争はない」、「外交と対話」、「友愛と感謝」などに触れながら、署名と「口上書」を上司に報告するとしていた。そして、私たちとの意見交換にも応じてくれた。

私は、日本政府は2022年末、「国家安全保障戦略」などを決定し、中国と対抗するために、国家を挙げての防衛体制の形成、日米同盟の強化、クアッド（日米インドオーストラリアとの協定）などを進めている。このことについて、ASEAN はどのように受け止めているのかという質問をした。

リー氏は、ASEAN は「一つの中国」を前提としているし、台湾との外交関係はないとしていたけれど、私の質問には、「個人的見解」として「われわれは戦争は望まない」、「アジアにおける二大大国の紛争は望まない」、「交流の材料は沢山ある」、「米国は警察官と考えているかもしれないけれど、法を金槌で執行することは疑問だ」、「平和を保つことが最も大切だ」などと答えていた（私の通訳の言葉のメモなので、不正確であることをお断りしておく）。

ASEAN 諸国には中国とのトラブルを抱えている国もあるけれど軍事対決ではなく平和的解決を望んでいることが伝わってくる貴重な機会だった。対立を解消するよりも「熱い戦い」の準備をしている日本政府の姿勢を変えなければならないと痛感する機会でもあった。

NAM CSSTC の事務所で

　NAM CSSTC とは、非同盟運動の南南技術協力センターのことである。NAM は Non-Aligned Movement の略、CSSTC は Center for South South Technical Cooperation の略である。この機構は、開発途上国の国家能力と集団的自立の強化を可能にするための政府間機関であり、NAM の活動の一部を形成しているようである。その事務局がジャカルタにあるのだ。要するに、北が南を支援するという構図ではなく、南同士での相互の支援と協力で発展しようという戦略である。

　私たちはそこを訪問した。対応してくれたのは、ディアル・ヌルビントロさんというインドネシアの人だ。名刺には Ambassador と Director という肩書が書かれている。

　彼は、予算とスタッフの少なさを嘆いていたけれど意気軒高だった。南が南を支援する意味と進歩性について熱く語っていた。農業、水産業、エネルギー産業を担う人材の育成に力を注いでいるという。

　私は、BRICS との提携と核兵器禁止条約について質問した。ブラジル、ロシア、インド、中国、南アフリカなどとの関係に興味があったし、NAM は核兵器禁止条約の採択と発効に大きな役割を果たしているという印象があったからだ。ちょうど、ニューヨークの国連本部では第 2 回核兵器禁止条約の締約国会議が開催されていることもあって質問したのだ。

　彼の答えは、BRICS との協力関係はないというものだった。

　そして、核兵器禁止条約については正面からの回答はなかった。この機構は NAM の機関ではあるけれど、核兵器禁止条約とは関係のない部門のようである。それでも彼は誠実に回答してくれた。「核開発は危険だ」、「武器開発はとめどもない」、「武器開発に手を出すと危険な競争になる」などとその見解を述べてくれた。

補論　147

別れ際、彼は私に事務所の玄関先にあった NAM 憲章のプレートを教えてくれた。そして、human being という単語を見て欲しいとしていた。私は、彼の横顔を見ながら、「防衛装備品」という武器の輸出を進めようとしている諸君に、彼の「爪の垢を煎じて飲ませたい」と思っていた。

バンドンの街で

　バンドンはジャカルタからバスで3時間ほどに位置している。ここは、1955年にアジア・アフリカ会議（バンドン会議）が開かれた都市である。インドネシアのスカルノ大統領は、この会議を「世界人口の約半数の13億（当時）を占める有色人種の代表による、世界最初の国際会議」と位置付けていたという。会議は、29か国（そのうち23か国がアジア）が参加し（日本はオブザーバー）、インドのネルー、中国の周恩来、ビルマのウー＝ヌー、インドネシアのスカルノなどが中心となって運営され、民族・宗教・社会制度などの相違を超えて結束を図ることを目指したのである。

　そして、①基本的人権と国連憲章の尊重、②主権と領土の尊重、③人種と国家間の平等、④内政不干渉、⑤個別的・集団的自衛権の尊重、⑥集団的自衛権の抑制、⑦武力侵略の否定、⑧国際紛争の平和的解決、⑨相互協力の促進、⑩正義と義務の尊重などの「平和十原則」を採択している。インドネシアの人たちはこの歴史的出来事を誇りに思っているそうである。

　私たちがこの街に行かないわけがない。バンドン会議博物館はよく整備されていた。会議場は保存されているし、私たちも椅子にかけることもできた。

　ホテルは博物館近くの会議の代表者たちも泊ったという由緒あるところで、シャワーからお湯が出ないという難点を忘れさせてくれるほどであった。もしかすると、あの歴史上の大人物たちも水のシャワーで頑張

っていたのかもしれないなどと皆で語り合ったものだった。

前田精のこと

　前田精（まえだ　ただし、1898年3月3日〜1977年12月13日）は、大日本帝国海軍の軍人（最終階級は海軍少将）で、インドネシアの独立に大きな貢献をした人である。

　実は、私はこの人のことを知らなかったのだ。この人のことを知ったのは、ツアーの最終日、大規模デモの影響で予定が狂い、急遽、旧前田邸を訪問することになったからである。デモがなかったら、私はこの人のことを知らないままであっただろう。

　彼は、終戦翌日の1945年8月16日、スカルノとハッタ（インドネシア独立のリーダー、ジャカルタ国際空港には彼らの名前がついている）を自らの海軍武官府公邸に招き入れ、インドネシア独立宣言の打ち合わせを行った。会議は16日23時から始まり翌17日の午前2時過ぎまで続いた。会議には50人ほどが出席していた。午前3時、日本側は独立準備委員会の決定を黙認した態度を示すべく起草過程に関与せず、前田も会議の場を離れると2階で就寝した。こうして、インドネシアの独立宣言は1945年8月17日に行われたのである。

　これらの史実は、1992年独立宣言起草博物館とされた旧前田邸でジオラマも含め展示されている。私たちはそれを見たのだ。

　なお、前田精は、1976年、インドネシア政府から「建国栄誉賞」を授与されているだけではなく、博物館の担当者も、前田氏に対して感謝と敬意の念を抱いていると言っていた。

まとめ

　私は、前田少将のことも含め、今度の旅でも、多くの知らないことや自分の営みのささやかさに気づかされることとなった。旅とはそういう

ものなのかもしれない。団長の吉田万三さん、適切な解説をしてくれた元赤旗外信部記者の鈴木勝比古さん、ASEANの資料を提供してくれた埼玉AALA代表委員の河内研一さん、添乗員の小野寺研一さんはじめ多くの方のおかげで、貴重な時間を過ごすことができたツアーだった。

　日本AALAの事務局長箱木五郎さんからは、台湾の金門島行きの誘いも受けた。非核・非同盟の日本を創るためには、まだまだ多くの課題があるけれど、最年長86歳の参加者だった岡山の河重寛子さんに負けないように、頑張りたいと思う。

　皆さん。ありがとうございました。

資料

<table>
<tr><td>公開書簡</td><td>

核兵器廃絶と９条擁護・世界化を!!
──被爆80年・敗戦80年に向けての提案
</td></tr>
</table>

この公開書簡は、核兵器廃絶と９条の擁護・世界化を希求する市民社会の一員である私からの、すべての人たちに対する、被爆80年・敗戦80年を迎える2025年に向けての共同行動の呼びかけです。

呼びかけの趣旨と動機

呼びかけの趣旨は、核兵器廃絶運動と９条の擁護・世界化の運動の連帯と共同で、非核・非軍事平和の日本と世界を実現しようというものです。とりわけ、核兵器廃絶運動の方には９条擁護・世界化への理解を、９条運動の方には核廃絶への理解を期待するという内容です。

私は核兵器廃絶運動や９条擁護・世界化運動にかかわっていますが、二つの課題が客観的には関連しているにもかかわらず、相互の交流が少ない事態に心を痛めています。人類が、自ら作った核兵器によってその存在を脅かされている「核の時代」にあることを無視した憲法論や、逆に、徹底した非軍事平和規範である日本国憲法９条を視野に入れない平和論が気にかかるからです。

もちろん、核廃絶運動と９条運動とには共通性もありますが、別の課題です。核兵器抜きでも戦争はできるからです。けれども、現実に行われている武力の行使において、核兵器使用の威嚇が行われている状況からして、核兵器廃絶と戦争を関連付けて考える必要性が高まっているように思われてなりません。「核戦争の危機」が迫っているからです。

そして、日本政府が、９条を無視して、米国の「核の傘」を含む軍事力に依存する姿勢を強め、戦争の準備を進めていることも看過できませ

153

ん。

　そこで、被爆80年・敗戦80年という節目の年を前に、核兵器廃絶と9条の課題をリンクさせる共同行動を呼びかけるものです。

　当然のことですが、それぞれの課題でたたかっておられる方への敬意と信頼を前提とする提案です。

迫りくる核戦争の危機

　ロシアのウクライナ侵略は核兵器使用の威嚇を伴っています。イスラエルのガザ攻撃も核兵器の影が見え隠れしています。国連のグテーレス事務総長は核兵器使用の危険性が冷戦終結以降で最も高くなっているとしています。米国の『原子力科学者会報』は終末まで90秒としています。これは1947年以降で最も危険という警告です。

　核兵器不拡散条約（NPT）前文は「核戦争は全人類に惨害をもたらす」ので「このような戦争を回避するためのあらゆる努力を払う」としています。核兵器保有国の首脳たちは「核戦争に勝者はない。核戦争を戦ってはならない」と宣言しています。核戦争禁止は人類社会の「公理」なのです。

　にもかかわらず、核兵器使用の危険性が高まっているのです。まずは、その危機を共有しておきたいと思います。

　そして、この危機は人類全体の危機です。それはとりもなおさず、私たち自身や子どもや孫たちの存亡にかかわる危機ということです。核戦争を「高見から見物する場所」はありません。核戦争の危機は、気候危機やパンデミックと同様に、全ての人にとって「自分事」なのです。

核兵器と人類は共存できない

　被爆者は「核と人類は共存できない」としています。核兵器は「悪魔の兵器」だというのです。「原爆の父」といわれるオッペンハイマーは

「我は死なり。世界の破壊者なり」と自覚していました。原爆投下を命令したトルーマンは、原爆を「宇宙に存在する基本的力」を利用したものと理解していました。

　核兵器が人間社会に絶望的な死と破壊をもたらすことは、開発者や使用を命じた者は知っていたし、ヒバクシャのあまたの証言や科学的なシミュレーショなどから明らかです。その集大成が核兵器禁止条約です。

　核兵器禁止条約は、いかなる核兵器の使用も「壊滅的人道上の結末」をもたらすとしています。「いかなる使用も」というのは故意だけではなく事故や誤算による使用もありうるという意味です。もちろん、発射されたミサイルを呼び戻す方法はありません。

　「壊滅的人道上の結末」というのは「適切に対処できないこと、国境を超えること、人類の生存、環境、社会経済的発展、世界経済、食料安全保障、現在および将来の世代の健康に深刻な影響を引き起こすこと、女性及び少女に不均衡な影響（電離放射線の結果としての影響を含む）を及ぼすこと」という意味です。人間生活の現在と未来の全ての部面に影響があるということです。

　そして、核兵器禁止条約は、それを避ける唯一の方法は核兵器廃絶だとしています。

進まない核廃絶

　けれども、「核兵器なき世界」が近い将来に実現するかどうかは不透明です。核兵器保有国が核兵器禁止条約を敵視するだけではなく、核兵器廃絶を具体的に進めようとしないからです。日本政府も核兵器廃絶をいいますが、中国、北朝鮮、ロシアと対抗するために、自衛隊強化はもとより、国を挙げて防衛力を強化し、米国の拡大核抑止力により依存しようとしています。日本版「先軍思想」に基づく現代版「国家総動員体制」の確立が進められているのです。そして、日本政府は、核兵器禁止

条約は国民の命と財産を危うくするとして、署名も批准も拒否しています。

　核兵器国や日本政府は、核兵器を自国の安全保障のために不可欠だとしているのです。核兵器は自国の安全を確保するための「抑止力」であり「平和の道具」だというのです。「平和を望むなら核兵器に依存せよ」という論理です。「平和を望むなら戦争に備えよ」というローマ時代の格言の現代バージョンです。この核抑止論に依存している限り「核兵器なき世界」は実現しないでしょう。

　政府は「悪魔の兵器」によって、日本を守るとしているのです。しかも、それは唯一の核兵器使用国である米国の「核の傘」なのです。私には「不適切にも程がある」と思えてなりません。核兵器が存在する限り、私たちは「壊滅的人道上の結末」の危険にさらされ続けるからです。核兵器による安全はむしろ危険を高めることになるので非現実的なのです。「死神に守ってもらう社会」など倒錯の極みでしょう。

9条は「核の時代の申し子」

　現在、政府は「純法理的な問題」として「核兵器であっても、必要最小限度の実力にとどまるものがあるとすれば、それは必ずしも憲法の禁止するところではない。このことは核兵器の使用についても妥当する。」としています。憲法は核兵器の保有や使用を排除していないというのです。政府は「必要最小限度の実力に止まる核兵器」を想定しているのです。

　けれども、1946年の「制憲議会」（明治憲法の改憲議会）において、幣原喜重郎は政府を代表して「次回の世界戦争は人類を木っ端みじんに粉砕する」、「文明が戦争を全滅しなければ、戦争が文明を抹殺する」と答弁していました。当時の政府は、次の世界戦争では核兵器が使用され、人類社会は滅びることになると予測して、核兵器のみならず、全ての戦

156　（公開書簡）核兵器廃絶と9条擁護・世界化を!!

力の放棄を提案していたのです。

　日本国憲法9条は、「核の時代」を自覚し、核兵器だけではなく「一切の戦力」を放棄する徹底した非軍事平和思想に基づく最高規範として誕生したのです。憲法9条は「核のホロコースト」を経て創られた「核の時代の申し子」なのです。

　現在の政府はそのことを忘れたかのようです。政府が忘れても、私たちは忘れてはならない「平和思想の到達点」なのです。

人類を滅亡させますか、戦争を放棄しますか

　人類社会が水爆時代に入った1955年（ビキニ水爆実験は1954年）。バートランド・ラッセルやアルバート・アインシュタインたちは「もし多数の水爆が使用されれば、全世界的な死が訪れるでしょう。瞬間的に死を迎えるのは少数に過ぎず、大多数の人々は、病いと肉体の崩壊という緩慢な拷問を経て、苦しみながら死んでいくことになります。」としていました。そして「私たちが人類を滅亡させますか、それとも人類が戦争を放棄しますか」と問いかけていました。

　この「ラッセル・アインシュタイン宣言」の問いかけに私たちはどのように答えたらいいのでしょうか。

核兵器廃絶は可能

　まず、核兵器のことを考えてみましょう。核兵器をなくすことは決して不可能ではありません。そもそも、核兵器は人間が作ったものだからです。現に、1986年に7万発というピークを数えた核弾頭は、現在1万2200発程度に減っています。しかもそれは検証されています。減った数の方が残っている数より多いのです。やればできるのです。

　加えて、核兵器保有国は、国連加盟国193か国のうち9か国です。極めて少数です。核兵器禁止条約の署名国は94（2024年9月24日現在）、

157

加盟国は73を数えています。「核兵器なき世界」に向けて、世界は間違いなく前進しているのです。

「核兵器なき世界」の実現は「私が生きている間は無理」（オバマ元米国大統領）とか「果てなき夢」（岸田文雄前首相）などというのは「今はやらない」という先行自白です。「口先男」に騙されるのはもう止めましょう。

自衛のための核兵器

憲法9条は、核兵器を使用しての世界戦争は人類社会を崩壊させてしまうと想定し、それを避けるために「一切の戦力」を否定したことは前に述べました。戦力がなければ戦争はできないのですから極めて論理的です。逆に、自衛のためであれ、正義の実現のためであれ、武力の行使を認めれば「悪魔の兵器」である核兵器に頼ることになります。それは、理屈だけではなく、現実がそうなっています。では、自衛あるいは安全保障ための核兵器は合理的なのでしょうか。

自衛のための核兵器使用がもたらすこと

自衛のために核兵器を自国内で使用することはありえません。使用すれば自国民も死ぬからです。また、どこで使用しようとも、核兵器の特性からして、国境を越えて被害が発生します。中立国にも被害は及ぶし、地球環境も汚染されます。

そして、相手方が核兵器で反撃すれば―間違いなくするでしょう―双方が滅びることになります。「相互確証破壊」です。自衛のための核兵器が自滅のための兵器となるのです。「平穏は墓場にある」という「最悪のパラドックス（逆説）」です。

「核の時代」にあっては、戦争は政治的意思を実現するための手段にはなりえないのです。自衛という目的を実現するための核兵器が、防衛

158　（公開書簡）核兵器廃絶と9条擁護・世界化を!!

の対象である国家と社会を壊滅させてしまうからです。それが核兵器なのです。

9条はそのような事態を避けるために残された唯一の方法であることを確認しておきましょう。

核兵器と戦争の関係

なぜその確認が必要かというと、「ラッセル・アインシュタイン宣言」が「たとえ平時に水爆を使用しないという合意に達していたとしても、戦時ともなれば、そのような合意は拘束力を持つとは思われず、戦争が勃発するやいなや、双方ともに水爆の製造にとりかかることになるでしょう。一方が水爆を製造し、他方が製造しなければ、製造した側が勝利するにちがいないからです。」と予言しているからです。核兵器をなくそうとするのであれば、戦争もなくさなければならないとしているのです。9条の先駆性が確認できるのではないでしょうか。

核兵器廃絶を先行することの意味

ところで、戦力一般の廃止と核兵器廃絶の関係はどうなるのでしょうか。全面軍縮と核兵器廃絶は同時でなければならないのでしょうか。この考え方によれば、戦力一般の廃止と核兵器廃絶を同時に進めることになるので、核兵器廃絶を喫緊の課題とすることには消極的になるでしょう。それはまた、核兵器の持つ「壊滅的人道上の結末」の発生という特殊性を軽視することにもなるのです。こうして、戦力一般の廃棄と核廃絶とを同列に扱うことは核兵器廃絶を遠のかせることになるのです。

国際人道法と核兵器の非人道性

ここで、国際人道法に触れておきます。国際人道法は、戦争において、戦闘の方法や手段は無制限ではないという規範です。戦争を違法とする

159

ものではありませんが、自衛戦争や正義実現の戦争であっても、無差別攻撃や残虐な戦闘手段は禁止されるという戦時における国際法です。「一切の戦争は非人道的なので、戦争をなくす」という考え方ではなく「人道的な戦争」を想定しているのです。

それはそうなのですが、核兵器は大量、無差別、残虐、永続的な被害をもたらす非人道的兵器であることに着目して、核兵器を禁止する法理として活用することは可能ですし、必要なことなのです。

核兵器についての最初の法的判断は、1963年の東京地方裁判所の「原爆裁判」です。裁判所は「原爆投下は当時の国際法に照らして違法」と判決したのです。1996年、国際司法裁判所の勧告的意見は「核兵器の使用や使用の威嚇は、一般的に違法である」としましたが、「国家存亡の危機」における核兵器の使用や威嚇についての判断は避けていました。ところが、核兵器禁止条約は「核兵器のいかなる使用も国際人道法に反する」としたのです。「国家存亡の危機」における核兵器使用も違法とされ、国際司法裁判所の限界は克服されたのです。

いずれの判断の背景にも核兵器の非人道性がありました。法は非人道性を無視できないのです。核兵器廃絶のための「人道アプローチ」は有効だったのです。

核兵器禁止条約の守備範囲

確認しておくと、核兵器禁止条約は、戦争を一般的に違法化したり、一切の戦力を禁止する条約ではないのです。そして、核兵器を廃絶したからといって非核兵器が残れば戦争は可能です。また、いったんなくなったとしても復活することは、「ラッセル・アインシュタイン宣言」がいうとおりです。そういう意味では、核兵器禁止条約は「戦争のない世界」を実現する上では過渡期の法規範なのです。

もちろん、そのことは、核兵器禁止条約の意義をいささかも減殺する

160　（公開書簡）核兵器廃絶と９条擁護・世界化を‼

ものではありませんが、その守備範囲を確認しておくことも必要でしょう。核兵器禁止条約の発効は「核兵器なき世界」に向けての大きな前進ですが、「戦争のない世界」に向けては、もう一歩の質的前進が求められているのです。それが9条の世界化です。

9条が期待されていたこと

核兵器がなくなったからといって戦争がなくならなければ核兵器は復活するであろうことは、先に述べたとおりです。だから、核廃絶運動に関わる人は9条の擁護と世界化を展望しなければならないのです。戦争という制度が残る限り、「核兵器なき世界」への到達と維持が元の木阿弥になってしまうからです。核兵器をなくした後にも仕事は残るのです。

他方、9条の擁護と世界化を求める人は、核兵器を廃絶できないようでは、戦力一般の廃絶など絵に描いた餅になってしまうでしょう。

ここで、9条は何を期待されて誕生したのかを再確認しておきます。

先に紹介した幣原喜重郎は「憲法9条は、我が国が全世界中最も徹底的な平和運動の先頭に立って指導的な地位を占めることを示すもの」という答弁もしていました。9条は、「核の時代」にあって、「徹底的な平和運動」の先頭に立つ「指導的地位」を期待されていたのです。核兵器廃絶がその射程に入ることは自明でしょう。

戦争の廃絶に向けて

戦争の廃絶について考えてみましょう。確かに、戦争の廃絶は決して簡単なことではありません。けれども、戦争は人の営みです。人の営みを人間が制御できないことはありません。人類は奴隷制度も植民地支配もアパルトヘイトもなくしてきました。いずれも、手強い反対にあいながらです。強欲な頑迷保守や好戦論者や悲観論者はいつの時代も存在します。変革を求めないことを「現実的」として受容し、変革を求めるこ

とは「理想的に過ぎる」として敬遠する人々も少なくありません。

けれども、人類は戦争をなくすための思想も育んできました。1920年代の米国の「戦争非合法化」の思想と運動もその一例です。戦争という制度を「無法者」として社会から放逐してしまおうという思想と運動です。戦争の方法や手段の制限だけではなく、戦争そのものを非合法化しようという発想です。

そうです。この「戦争非合法化」の思想は憲法9条の淵源のひとつなのです。このような徹底した非軍事平和思想が日本国憲法に影響を与えているのです。

「戦争非合法化思想」が「核のホロコースト」を契機として日本国憲法9条に結実したのです。言い換えれば、徹底した平和思想が、人類最悪の悲劇を梃子として、憲法規範として昇華したのです。「転禍為福」（災い転じて福となす）と言えるでしょう。

けれども、ややこしく考える必要はありません。そもそも、核兵器が使用されれば「皆くたばってしまう」ことなど、誰にでも理解できるからです。そういう意味では、憲法9条は、「核の時代」においては、当たり前の法規範なのです。法は人々を生かすための知恵でもあるのです。

戦争は人類の宿命なのか

ところで、「人類は戦争をする宿命にある。それは本能だ」という人がいます。それは「人間は、見ず知らずの個人的恨みなど全くない者同士が、他人の命令で殺し合う宿命にある」という主張です。本当に人間はそんな情けない生き物なのでしょうか。

これまでのところ、ヒトという種が、殺し合いで紛争に決着をつけるように定められているという証拠は見つかっていません。そして、人類史は戦争の歴史だけではありません。戦争がない時代もあったし、共存の歴史でもあるのです。

更に、「軍隊のない国」は26か国存在しています。軍隊のない、したがって戦争ができない国で人々は生活しているのです。非軍事平和国家は決して「ユートピア」ではないのです。戦争に備えなくても人間は生活できるのです。

「戦争は人類の本能だからなくせない」というのは質の悪いフェイクなのです。

私は、「平和を愛する諸国民の公正と信義に信頼してわれらの安全と生存を保持する」（憲法前文）ことは可能だし、また、そうしなければ人類の未来はないと思っています。

まとめ

この79年間、核兵器は実戦で使用されていません。使用計画もあったし、核戦争の瀬戸際もありました。事故もあったし、誤発射の危険性もありました。けれども、現実に使用されたことはなかったし、地球は吹き飛んでいないのです。

その理由は、被爆者をはじめとする反核平和勢力の運動もありましたが、「運がよかった」だけかもしれません。地球の未来を運任せにすることはできません。意識的な戦略としなければ、地球にひびが入ったり、吹き飛ぶかもしれないからです。

だから、今求められていることは、核兵器不使用の継続ではなく、核兵器廃絶なのです。廃絶までの法的枠組みは既に核兵器禁止条約があります。その国際法規範を普遍化することによって「核なき世界」の実現は可能なのでする。

当面、日本政府に署名・批准させることが必要です。その運動を反核平和勢力だけではなく、護憲運動（立憲主義回復運動を含む）をしている方たちの理解と協力をえて進めることが求められています。

他方、憲法９条も風雪に耐えてきました。憲法に拘束される立場にあ

163

る政府や国会議員（護憲派は除く）だけではなく、多くの改憲勢力からの攻撃に耐えてきたのです。「お疲れ様日本国憲法」などと引退を迫ったり、「憲法を現実に合わせろ」という憲法が何のためにあるのかを理解しない意見もあります。

既に、個別的自衛権のみならず集団的自衛権も認められるという「法的クーデター」といわれる現実もあります。しかも、裁判所もそれを制止しようとしないのです。

そして、米軍とともに世界のあちこちで武力の行使を可能とするための改憲策動も、執念深くかつ陰険に続けられているのです。歴代首相は改憲に熱心です。

現在、政府は、中国、北朝鮮、ロシアとの対立（もっぱら中国）を前提に、米軍との一体化、自衛隊基地の強化、武器の爆買いなど戦争の準備を着々と進めています。戦争を避けるのではなく、戦争に備えているのです。

敵基地攻撃を行えば敵国からの反撃は避けられません。だから、「国民保護」も必要となります。「国民保護計画」は核攻撃があった場合も想定しています。「ヨード剤を飲んで雨合羽を被って風上に逃げろ」というものです。被爆者は「爆心地に向かえと言うのか」と怒っています。雨合羽とヨード剤で被害を食い止められるのなら、核戦争など「たいしたことはない」でしょう。政府は「被爆の実相」を無視しているのです。

岸田前首相は「敵基地攻撃」や「戦闘機の共同開発」も「憲法の平和主義の理念の範囲内」と言っていました。それが彼の憲法感覚なのです。そういう首相の下で、武力の行使を前提とする「国を挙げての防衛体制の確立」が進んでいます。石破茂首相も同様でしょう。彼も軍事力依存論者であるからです。

「国を挙げて」の中には、自衛隊や政府機関、財界や読売新聞などのマスコミだけではなく、学界や地方自治体も含まれています。「防衛体

制の確立」とは、米国とのグローバル・パートナーシップや同盟国・同志国との連携強化に基づく対中国包囲網の構築を意味しているのです。

　学術団体や地方自治体や民間企業を戦争協力へと誘導あるいは強制するための仕組みも次々と作られようとしています。日本学術会議の法人化、政府の自治体に対する指示権、セキュリティ・クリアランス制度の導入などです。学問・研究、自治体、企業を経由して、個人生活も軍事色に染められようとしているのです。

　それに対抗するたたかいも展開されていますが、事態は予断を許しません。

　今、日本は、「核兵器含む武力による安全と生存の維持」なのか「平和を愛する諸国民の公正と信義を信頼しての安全と生存の保持」なのかが正面から問われているのです。「武力による平和の道」は人類社会の終わりへの道です。「諸国民の公正と信義による平和への道」は78年前から示されている道です。「核の時代」の後にどのように未来社会を創るのか、その選択は私たちに委ねられているのです。

　核兵器廃絶よりも前に、政府が「熱い戦い」を始めるかもしれません。「政府の行為によって再び戦争の惨禍」が起きるかもしれないのです。もちろんそれは他国の民衆の殺傷も意味しています。核兵器廃絶運動は政府や与党の動きに敏感でなければなりません。

　核兵器廃絶や９条の擁護と世界化を希求する私たちには、「戦争前夜」といわれるほどに急速に進行している戦争の準備を阻止する運動が求められています。そのためには、反核平和勢力と護憲平和勢力との相互理解と相互協力とが必要不可欠です。

　被爆80年・敗戦80年という節目の年を、この国の進路を大きく転換し、核兵器も戦争もない世界に一歩でも近づく機会にしようではありませんか。

　最後に被爆者の想いを共有しておきます。

165

今回、ノーベル平和賞を受賞した日本原水爆被害者団体協議会（日本被団協）は「憲法が生きる日本、核兵器も戦争もない21世紀」を呼び掛けています（「21世紀被爆者宣言」）。核兵器が人間に何をもたらすかを体験している被爆者は、憲法を活かそうと提案しているのです。

　私はそこに感銘を覚えています。そして、その思想と運動に連帯し「核の時代」を克服したいと考えています。核兵器も戦争もない世界こそが「全世界の国民が、ひとしく恐怖と欠乏から免かれ、平和のうちに生存する権利」を実現する前提条件だからです。

　そして、それは、全ての人が、本当の豊かさの中で、本当の自由を享受しながら、その人生を満喫する未来社会の実現へとつながることでしょう。

　そんなことを展望しながら、核兵器廃絶と憲法９条の擁護と世界化に向けての80年を迎えようではありませんか。

資料 1 「新憲法の解説」第二章（内閣、1946年）

　本章は新憲法の一大特色であり、再建日本の平和に対する熱望を、大胆率直に表明した理想主義の旗ともいうべきものである。

　いうまでもなく、戦争は最大の罪悪である。しかも、世界の歴史は戦争の歴史であると言われるように、有史以前から戦争は絶えない。第一次世界大戦の後に出現した国際連盟は第二次大戦を阻止し得なかったし、今日新たに、世界平和を念願して生れた国際連合も、目的を貫徹するためには、加盟国はお互に非常な努力が必要とされるのである。

　しかし、何とかして、人類の最大不幸であり、最大罪悪である戦争を防止しなければならないことは、世界人類の一人一人が肝に銘じて念ずるところである。

　一度び戦争が起れば人道は無視され、個人の尊厳と基本的人権は蹂躙され、文明は抹殺されてしまう。原子爆弾の出現は、戦争の可能性を拡大するか、又は逆に戦争の原因を終息せしめるかの重大段階に到達したのであるが、識者は、まず文明が戦争を抹殺しなければ、やがて戦争が文明を抹殺するであろうと真剣に憂えているのである。ここに於て本章の有する重大な積極的意義を知るのである。すなわち、政府は衆議院において所信を述べ、「戦争放棄の規定は、我が国が好戦国であるという世界の疑惑を除去する消極的効果と、国際連合自身も理想として掲げているところの、戦争は国際平和団体に対する犯罪であるとの精神を、我が国が率先して実現するという、積極的な効果がある。現在のわが国は未だ十分な発言権を以てこの後の理想を主張し得る段階には達していないが、必ずや何時の日にか世界の支持を受けるであろう、」云々

167

日本国民は、正義と秩序を基調とする国際平和を誠実真剣な態度で求めている。国権の発動たる戦争と、武力による威嚇や武力の行使は、永久に放棄する旨を宣言したのである。そしてさらに、この目的を達成するためには、陸海空軍その他、一切の武力を持たず、国の交戦権はこれを認めない、と規定したのである。

　侵略戦争否認の思想を、憲法に法制化した例は絶無ではない。例えば1791年のフランス憲法、1891年のブラジル憲法の如きはそれである。しかしわが新憲法のように、大胆に捨身となって、率直に自ら全面的に軍備の撤廃を宣言し、一切の戦争を否定したものは未だ歴史にその類例を見ないのである。

　これに対して、議会では多くの疑問が提出された。即ちまず、本規定によりわが国は自衛権を放棄する結果になりはしまいか。よし放棄しないまでも、将来、国際的保障がなければ、自己防衛の方法がないではないか、という点が、誰しも感ずる疑問であろう。しかし、日本が国際連合に加入する場合を考えるならば、国際連合憲章第51条には、明らかに自衛権を認めているのであり、安全保障理事会は、その兵力を以て被侵略国を防衛する義務を負うのであるから、今後わが国の防衛は、国際連合に参加することによって全うせらることになるわけである。

出典：ネット「青空文庫」で公開されている。一部現代語の修正している。書籍としては高見勝利編『あたらしい憲法のはなし』（岩波現代文庫、2013年）などがある。

168　　1　「新憲法の解説」第二章（内閣、1946年）

資料 2

貴族院における
幣原喜重郎の答弁

貴族院本会議　昭和21年 8 月27日
質問者：南原　繁（無所属）

　改正案の第 9 条には国際紛争解決の手段として、戦争に訴えることを否認する条項があります。マッカーサー元帥は本年四月五日対日理事会に於ける演説中、此の第 9 条の規定に言及致しまして、世間には戦争放棄の条項に往々皮肉の批評を加えて、日本は全く夢のような理想に子供らしい信頼を置いて居るなどと冷笑するものがあります。今少しく思慮のある者は、近代科学の駸駸たる進歩の勢に目を著けて、破壊的武器の発明、発見が、此の勢を以て進むならば、次回の世界戦争は一挙にして人類を木っ葉微塵に粉砕するに至ることを予想せざるを得ないであろう。之を予想しながら我々は尚躊躇逡巡致して居る、我が足下には千仭の谷底を見下しながら、尚既往の行懸りに囚れて、思切った方向転換を決行することが出来ない、今後更に大戦争の勃発するようなことがあっても過去と同様人類は生残ることが出来そうなものであると云うが如き、虫の良いことを考えて居る、是こそ全く夢のような理想に子供らしい信頼を置くものでなくて何であろうか、凡そ文明の最大危機は、斯かる無責任な楽観から起るものである、是がマッカーサー元帥が痛論した趣旨であります。実際此の改正案の第 9 条は戦争への放棄を宣言し、我が国が全世界中最も徹底的な平和運動の先頭に立って指導的地位を占むることを示すものであります。今日の時勢に尚国際関係を律する一つの原則として、或範囲内の武力制裁を合理化合法化せんとするが如きは、過去に

於ける幾多の失敗を繰返す所以でありまして、最早我が国の学ぶべきことではありませぬ。文明と戦争とは結局両立し得ないものであります。文明が速やかに戦争を全滅しなければ、戦争が先ず文明を全滅することになるでありましょう。私は斯様な信念を持って此の憲法改正案の起草の議に与ったのであります。

貴族院本会議　昭和21年8月30日
質問者：林　博太郎（研究会）

　戦争の放棄のことであります。此のことに付きまして今林伯爵は、人間には闘争本能と云うものがある、是は争うべからざることである、之を利用してこそ始めて進歩と云うものが現れて来るのだと言ったような御趣旨の御意見がありました。闘争的本能と申しましても、極く平和的な建設的な闘争でありますれば、其の本能の発達されることは望ましいことでありまして、其の方向に向って、どうしても進まなければならぬと思うのであります。斯う云ったような本能を棄てると云うことでありますれば、世の中に進歩もありませぬ、発達もありませぬ。是は望ましいことではありまするが、又此の闘争的な、殺人的な、破壊的な闘争でありまするならば、是は我々は何処迄も否認しなければならぬのである。左様な本能がありまするならば、其の本能は矯めなければならぬと思うのであります。昔と比べてみますると云うと、段々と武器の進歩、破壊的武器の進歩、発明と云うものに伴いまして、どうも此の戦争の惨憺たる惨虐なる有様が心の中に映じて参りますると云うと、始めて戦争放棄と云う議論が行われて来ているのであります。我々は今日、広い国際関係の原野に於きまして、単独に此の戦争放棄の旗を掲げて行くのでありますけれども、他日必ず我々の後に蹤いて来る者があると私は確信致して居る者である。此のことを、私は憲法の案が初めて発表されました時に、外国の新聞記者が参りましたので、私は此の核心を其の当時、其の

新聞記者に説明を致したのであります。何年後のことか知らぬけれども、斯う云ったような状況は、長く続けるものではない、原子爆弾と云うものが発見されただけでも、或戦争論者に対して、余程再考を促すことになって居る、斯う云ったような状況は長く打っちゃって置くべきことでない、斯う云ったようなことを私は言いまして、日本は今や、徹底的な平和運動の先頭に立って、此の一つの大きな旗を担いで進んでいくものである、必ず此の後に蹤いて来るものがあると云うことを私は言ったことがあります。私は左様に信じて居ります。単に是は、先刻仰せられた理念だけのことではありませぬ。もう少し私は現実の点も考えて居るのであります。即ち戦争を放棄すると云うことになりますと云うと、一切の軍備は不要になります。軍備が不要になりますれば、我々が従来軍備のために費して居った費用と云うものは是も亦当然不要になるのであります。斯様に考えまするならば、軍事費の為に、不生産的なる軍事費の為に、歳出の重要なる部分を消費いたして居る諸国に比べますと云うと、我が国は平和的活動の上に於いて極めて有利な立場に立つのであります。国際間に於きまして我が国際的地位を高くするものは、是は即ち、我々の是からして後の平和産業の発達、科学文化の振興、之に如くものはありませぬ。此の平和的活動があってこそ、日本の将来はあるものと私は考えて居るのであります。是は数年の中にはまだ戦争の敗け戦の跡始末の為に、其の善後策の為に、色々我々の活動力を奪われるでありましょうけれども、追ってこれが一度片付きますれば、我々の前途と云うものは大きな光で以て充ちて居ると思うのであります。どうか、我々は皆様とともに此の理想を持って、斯くの如く我々が平和活動の上に於きまして、総ての全力、国家の財源、国民の活動力を挙げて、此の方面に進む日の一日も速やかに来たらんことを私は心から祈るものであります。

資料　171

貴族院帝国憲法改正案特別委員会　昭和21年 9 月 5 日
質問者：小田信恒（研究会）

　御承知の如く、今や日本は、改正憲法第 9 条に依りまして、徹底的な平和運動の大きな旗を担いで、広い国際社会の原野に歩みだしたのであります。国民が之に共鳴して同じく力を協せて、此の目的を達成せしめることに尽くして呉れますと云うことは、是は是程望ましいことはないと考えます。従って民間に於きまして、斯様な平和問題の研究、或は宣伝の機関が設けられますと云うことは誠に私等の切望する所であります。是は成るべくならば、官製であってはいけない、民製でなければならぬと思います。政府固より出来るだけの御世話致しましょうけれども、其の機関の本体と云うものは、民間の方から進んで斯様な機関を作ると云うような気持になって貰うことが、一番宜しいのではなかろうかと考えます。

貴族院帝国憲法改正案特別委員会　昭和21年 9 月13日
質問者：佐々木惣一（無所属）

　只今国際連合の御話がありました。御承知の如く国際連盟はすでに失敗の歴史であります。国際連合なるものは、果して成功の歴史になるかどうかと云うことは、是は私、今の立場に於て批判することを好みませぬ。其の立場ではないと思います。併しながら、列国がどう考えようが国際連合が如何なる手段を執ろうが、我々、日本の将来を考えますれば、どうしても、此の平和に精進すると云うことの決心が必要だろうと思います。此の決心、是が即ち、日本の根本的な国策と認めて、我々は之を憲法の上に於て宣明すると云うことは、是は決して意味のないことじゃない、深い意味のある事だろうと私は考えて居ります。

質問者：高柳賢三（研究会）

　一言私の意見だけを申上げます。是から世界の将来を考えて見ますると、どうしても世界の輿論と云うものを、日本に有利な方に導入するより外仕方がない、是が即ち日本の安全を守る唯一の良い方法であろうと思います。日本が袋叩きになって、世界の輿論が侵略国である、悪い国であると云うような感じを持って居ります以上は、日本が如何に武力を持って居ったって、実は役に立たないと思います。我等の進んでいく途が正しければ「徳孤ならず必ず隣りあり」で、日本の進んでいく途は必ずそれから拓けて行くものだと私は考えて居るのであります。只今の御質問の点も私は同様に考えて居るのであります。日本は如何にも武力は持って居りませぬ。それ故に若し現実の問題として、日本が国際連合に加入すると云う問題が起って参りました時は、我々はどうしても憲法と云うものの適用、第９条の適用と云うことを申して、之を留保しなければならぬと思います。是でも宜しいかと云うことでありますれば、国際連合の趣旨目的と云うものは実は我々の共鳴するところが少くないのである、大体の目的はそれで宜しいのでありますから、我々は協力するけれども、併し我々の憲法第９条がある以上は、此の適用に付いては我々は留保しなければならない。即ち我々の中立を破って、そうして何処かの国に制裁を加えると云うのに、協力をしなければならぬと云うような命令と云うか、そう云う註文を日本にしてくる場合がありますれば、それは到底出来ぬ、留保に依ってそれは出来ないと云うような方針を執って行くのが一番宜しかろう、我々はその方針を以て進んで行きますならば、世界の輿論は翕然として日本に集ってくるだろうと思います。兵隊のない、武力のない、交戦権のないと云うことは、別に意とするに足りない、それが一番日本の権利、自由を守るのに良い方法である、私等はそう云う信念から出発致して居るのでございますから、ちょっと一言

資料　173

附加えて置きます。

質問者：沢田　牛麿（同和会）

　直接私御答になるかならぬか能く分りませぬが、衆議院の方で修正を致しました之を御覧くだされば能く分ります。即ち「日本国民は、正義と秩序を基調とする国際平和を誠実に希求し」と其の目的が書いてあり、日本国内の秩序を保つと云うことは是には関係無いことであります。又第二項には「前項の目的を達するため」「戦力は、これを保持しない」と斯う書いてあります。警察力を充実することは差支ないと思います。併し外国と戦争することが出来るような兵力を持つと云うことは出来ない、此のことは明瞭であると思います。其の点だけちょっと附加えて置きます。

　其の問題は結局、兵備はどう云うものであるか、軍力はどう云うものであるかと云う問題が掛って来はせぬかと思います。是は戦力であると云うことになりますと之を保持しないと云うことになって居ります。詰り国際平和を希求する目的を達する為に戦力は持たない、斯う云うことになって居ります。だから外国との戦争に関係のあるような戦力は是は持てないと云うことは明瞭であります。併し国内の警察力の充実と云うことは是は戦力と認めるかどうか、戦力と云う言葉を例えば機関銃一つ持って居ることも戦力と云うことであるならば、是は警察力を持てないと云うことになるかも知れませぬが、此の趣旨はそう云うことは禁止してあるのじゃないと思います。日本に兵力を許すと云うことになりましても、僅か一個師団二個師団と云うようなものを許して呉れると云うならば、それは何も有難いことはない、私はそんなことは恩恵と考えて居りませぬ。却て非常に累をなす所以と私は確信して、平和を希求する其の精神から発達して居るのだから、僅かの兵力を持つことを許して呉れ

174　　2　貴族院における幣原喜重郎の答弁

ても私はそう云うものを何も利用する必要はないと思います。併し国内の秩序を保つ為の力、是は謂わば警察力と名を附けて宜しいものであります。是は持つことはとうぜんであろうと私はそう云う風に考えて居ります。

国内で国民同士互に戦争する為の武力とか軍備とか云うものはあるべきものでないと思います。是は警察力で沢山なものである、私はそう思って居る。軍備は固よりいけませぬ。軍備と云うものは詰り外国と戦争する為の戦備である、日本の国内で戦争する、戦闘する、そう云うものを考える必要はないと思います。

同じことでありますが、度々申しますが、要するに治安の維持の為の力は何も軍備と云う名前を附ける必要はないと思います。私はそう云うものは軍備と云えないものだと思います。唯警察力と云う名前を附けて置けばそれで宜しいじゃないか、私はそう云う考で居ります。

出典：官報の記事を一部ひらがなに改めて、表現を変えている。書籍としては『復刻版分類帝國憲法改正審議録　戦争放棄編』（新日本法規出版、2017年）がある。

資料　175

資料
3　原爆投下と日本国憲法9条

この抜書きは、原爆投下と憲法9条との関係についての資料です。

2024年9月末時点で、私が当たることができたものを整理しています。

拙著『「核の時代」と憲法9条』（日本評論社、2019年）所収の資料に追加しています。

1946年3月20日樞密院ニ於ケル幣原総理大臣ノ憲法草案ニ關スル説明要旨（電子展示会「日本国憲法の誕生」国立国会図書館）

次ニ第九ハ何処ノ憲法ニモ類例ハナイト思フ。日本ガ戦争ヲ抛棄シテ他国モ之ニツイテ来ルカ否カニ付テハ余ハ今日直ニサウナルトハ思ハヌガ、戦争抛棄ハ正義ニ基ク正シイ道デアツテ日本ハ今日此ノ大旗ヲ掲ゲテ国際社会ノ原野ヲトボトボト歩イテユク。之ニツキ従フ国ガアルナシニ拘ラズ正シイ事デアルカラ敢ヘテ之ヲ行フノデアル。原子爆弾ト云ヒ、又更ニ将来ヨリ以上ノ武器モ発明サレルカモ知レナイ。今日ハ残念乍ラ各国ヲ武力政策ガ横行シテ居ルケレドモ此処二十年三十年ノ将来ニハ必ズ列国ハ戦争ノ抛棄ヲシミジミト考ヘルニ違ヒナイト思フ。其ノ時ハ余ハ既ニ墓場ノ中ニ在ルデアラウガ余ハ墓場ノ蔭カラ後ヲフリ返ツテ列国ガ此ノ大道ニツキ従ツテ来ル姿ヲ眺メテ喜ビトシタイ。

1946年4月5日極東委員会対日理事会におけるマッカーサー演説

（『日本国憲法制定の由来―憲法調査委員会小委員会報告書』（時事通信社、1961年258頁～260頁）

提案されたこの新憲法の条項はいずれも重要で、その各項、その全部

が、ポツダムで表現された所期の目的に貢献するものであるが、私は特に戦争放棄を規定する条項について一言したいと思う。これはある意味においては、日本の戦力崩壊から来た論理的帰結に外ならないが、さらに一歩進んで、国際分野において、戦争に訴える国家の主権を放棄せんとするのである。

近代科学の進歩のゆえに、次の戦争で人類は滅亡するであろう、と思慮ある人で認めぬものはない。しかるになおわれわれはためらっている。足下には深淵が口を開けているのに、われわれはなお過去を振り切れないのである。そして将来に対して、子供のような信念を抱く。世界はもう一度世界戦争をやっても、これまでと同様、どうにか生き延びうるだろうと。この無責任な信念の中に、文明の恐るべき危機が横たわっているのである。

マッカーサーの回顧（河上暁弘『日本国憲法第9条成立の思想的淵源の研究』（専修大学出版局、2006年）からの引用）

・もし世界がこの種の戦闘（二度の大戦）を行うとすれば、現代文明の自殺行為となるであろう。（マッカーサー・1951年3月5日・上院軍事外交委員会　河上362頁）

・当時の賢明な幣原首相は私を訪れ、日本国民は国際的な手段として戦争を廃絶すべきであると要請した。私がこれに同意すると、彼は私の方を向き直って、「世界は我々が実際に即さぬ夢想家のように言って嘲り笑うでしょうが、百年後には我々は予言者と言われるようになっているでしょう」と言った（1955年1月26日・マッカーサーのロサンゼルスでのスピーチ　河上359頁）。

（なお、丸山眞男は、1965年、「憲法第9条をめぐる若干の考察」で、「幣原は熱核時代における第9条の新しい意味を予見した。」と書いているという（木庭顕『憲法9条へのカタバシス』みすず書房、2018年

8頁)。これによれば、幣原は百年を経ずして、20年後には予言者と評価されていたことになる。）

・私は兵器の発達史を目撃してきた。世紀の転換期には、ライフルか銃剣か軍刀によって一人の敵を倒すことでした。それから十数人を殺すよう設計された自動小銃が現れました。その後重砲は数百人に死を降り注ぎ、さらに数千人を撃つ空爆に続いて、原子爆弾による殺傷は数十万に達しました。…しかし科学的全滅の勝利―この発明の成功―こそが、国際紛争の解決手段としての戦争の可能性を破壊したのです。（1955年１月26日マッカーサーのロサンゼルスでのスピーチ、河上362頁）

平和問題懇談会「三度平和について」1950年

現代戦争（国際的には世界戦争、国内的には全体戦争、形態としては核戦争）の段階においては、平和が第一義的目標になった。どのような地上の理想も、世界平和を犠牲にしてまで追求するには値しない。よって、戦争を最大の悪とし、平和を最大の価値とする理想主義的立場は、戦争が原子力戦争の段階に到達したことによって、同時に高度の現実主義的な意味を帯びるように至った。

日本国憲法からの提言　1998年

「核・宇宙（地球）時代」となった今日、「人類が核戦争と核兵器（ないし核兵器が象徴する高度科学技術と工業力による地球破壊の諸力）によって絶滅され、地球の墓地で人類が―死の―永遠平和を弔われる」方向を拒否し、「人類が生き残って発展し、地球が保全される―生の―永遠平和を確立する」方向を「至上命令」として、人類普遍の実践理性により、選択すべきだという根本命題を読み取る。
（深瀬忠一はしがき『恒久世界平和のために　日本国憲法からの提言』（日本

評論社、1998年8頁）

時系列で整理したいくつかの見解

① 日本国憲法が平和的生存「権」と規定したのは、平和的生存のための戦争という論理を否定する意味がある。政策に対抗し、政策を制約するのが、本当の憲法上の権利である。また、権利主体が「全世界の国民」とされていることも、「正義の戦争」の想定の下で相手国国民の生命の犠牲はやむを得ないとする論理と整合しない。それは、言うまでもなく、4000万人から5000万人の死者を出した第2次世界大戦における戦争被害と、ナガサキ、ヒロシマにおける絶対悪としての核戦争の経験からきている。

（浦田一郎『現代の平和主義と立憲主義』日本評論社、1995年115頁）

② 「ヒロシマ・ナガサキ」の体験は、核兵器の巨大な破壊力により、ひとたびこれが使用されれば、政治や政策の手段としての戦争が、それによって達成すべき目的まで破壊してしまうことをリアルに明らかにした。その意味で、日本国憲法は、「核時代」の歴史的刻印を帯びて誕生している。

（浜林正夫・森英樹編『歴史の中の日本国憲法』地歴社、1996年155頁）

③ 憲法9条の規範は、戦争による惨禍を経てきた人類が、武力によらざる国際紛争の解決への道を模索するなかで到達した最良の規範である。特にそれは、核兵器の登場した時代における人類が生き残るため唯一道を示す規範であり、普遍的価値を有する。

（池田眞規「法律時報」68巻2号（1996年）

④ 憲法は、国連憲章の目的と原則にしたがいつつ、国連加盟国一般より先んじた平和の原則を採用した。徹底した不戦体制にふみ切ったのは、原爆戦争の惨禍が決定的であった。（深瀬忠一「恒久平和のための日本国憲法の構想」、『恒久世界平和のために　日本国憲法からの提言』日本評

資料　179

論社、1998年所収45頁）

⑤　第9条は、広島・長崎以降においては、軍隊と戦争が伝統的意義を
失っていることを確認するものであった。

（杉原泰雄「憲法9条の現代的意義　「現在」におけるその必然性について」
同前所収107頁）

⑥　国連憲章が1945年6月26日、サンフランシスコで作成されたとき、
人類はまだ核兵器が何を意味するのか知らなかった。その国連憲章が
最終的には武力による平和という考え方に立脚していたのに対し、8
月6日（広島）と8月9日（長崎）という日付を挟んだ後の1946年日
本国憲法にとっては、「正しい戦争」を遂行する武力によって確保さ
れる平和、という考え方をもはや受け入れることはできなくなった。
…核兵器に訴えてまで遂行されるべき「正しい戦争」はもはやあり得
ないという説明は、確かに一つの説明となるだろう。とはいえ、それ
だけでは十分ではない。「ハイテク戦争」や「きれいな戦争」を演出
して行われるとき、「正しい戦争」を否定する論理は出て来ないから
である。…1945年を「正しい戦争」を担った連合国の勝利とみるオプ
ティミズムではなく、「聖戦」の虚偽性が暴露されたとして受け止め
るペシミズムとリアリズムが、非武装平和という選択の基礎にある。
このペシミズムとリアリズムは、権力への徹底的な懐疑の上に成り立
つという意味で、近代立憲主義を一番深いところで継承する。

（樋口陽一「立憲主義展開史にとっての1946年平和主義憲法　継承と断絶」同
前所収140～141頁）

⑦　究極の暴力というべき核兵器をコントロールすることは、立憲主
義・民主主義にとっての最大の課題というべきであろう。

（君島東彦「核廃絶とNGOの役割」『松井康浩弁護士喜寿記念論集　非核平和
の追求』日本評論社、1999年12頁）

⑧　憲法9条が「正しい戦争」という観念それ自体を否定しているのは、

立憲主義展開史の中での断絶を画そうとしているのです。1945年6月（国連憲章）と1946年11月（日本国憲法）の間には、1945年8月の広島・長崎という人類史的体験があったことが、ここで思い出されるべきでしょう。さらに、大日本帝国自身が冒した国内での抑圧と国外での侵略の体験に照らして、9条は神権天皇から象徴天皇への移行（1条）及び政教分離（20条・89条）とともに、日本社会をタブーから解放し、権力批判の自由を作るものとして不可欠だったのです。

（樋口陽一・憲法再生フォーラム編『改憲は必要か』岩波新書、2004年16頁）

⑨　日本国憲法は、徹底した平和主義を採用しました。あえて不器用なまでに平和にこだわった背景には、人類初の「核兵器を使った殲滅戦」の経験、ヒロシマ・ナガサキの経験がありました。いったん戦争や武力の行使、戦力といった「手段」の有効性を認めれば、軍の論理の自己増殖は最終的に核武装へと逢着する。日本はその体験と認識に立って、徹底した平和主義を採用したわけです。

（水島朝穂　同上154頁）

⑩　戦後日本の国の形を作り上げていたものに平和主義があったが、この平和主義は15年戦争の悲惨に対する深刻な反省並びに広島、長崎の被爆体験から生まれた「体験的平和主義」であった。

（千葉眞「法律時報」76巻7号（2004年）

⑪　憲法9条は非核・平和の国際的課題を達成するうえでも積極的意義を持つものといえよう。核兵器の廃絶は人類共通の課題であり、とりわけ広島・長崎の体験を持つ日本はこの課題に世界の先頭に立って取り組むべき使命を持っている。

（山内敏弘「法律時報増刊　憲法改正問題・平和主義と改憲論」日本評論社、2005年所収12頁）

⑫　憲法9条の成立をもっぱら右のような偶然の契機（日本政府、占領軍司令部、極東委員会の天皇の地位をめぐる三つ巴の関係。毎日新聞

のスクープで急がなくてはならなくなったことなど）の重なり合いに
過ぎないと見るのは大きな誤りである。そこには日本国民の長い戦争
体験、とくにヒロシマ・ナガサキの原爆の受難、サイパンや満州や沖
縄のように国民を巻き込んだ壊滅的な戦闘、東京を始めとする大空襲
などが、生々しい傷口を広げたまま、人々の生活の中に息づいていた。
…強大な軍事力が国民を守らず、逆に国民の生活をも幸福をも奪うも
のだという痛烈な認識を共有していたのである。あのような馬鹿げた
戦争は二度としたくないという日本国民の実感は、まさに憲法9条に
具体化されたといってよい。

（小林直樹『平和憲法と共生六十年』慈学社出版、2006年107頁）

⑬　（⑦を引用したうえで）特殊日本的な歴史的事情と結びつけて、憲
法9条をとらえる視座こそ、立憲主義展開史の中で生じた断絶を認識
し、今後同じ過ちが繰り返されないように立ち上がり、啓蒙する主体
として、日本国民を導くものとなるであろう。

（麻生多聞『平和主義の倫理性──憲法9条解釈における倫理的契機の復権』
日本評論社、2007年201頁）

⑭　原爆体験は、憲法前文と第9条の非軍事平和思想に被爆者の魂を吹
き込んだ。被爆者の絶対的非軍事平和思想で人類と日本の安全を守る
道を探求する。被爆者は核時代の預言者であり、人類の宝である。

（ヒバクシャ9条の会呼び掛け文　2007年3月『核兵器のない世界を求めて』
日本評論社、2017年287頁）

⑮　第2次世界大戦末期には、核兵器が開発され、広島、長崎だけでも
三十数万人の死傷者を出している。以降、世界は、周知のごとく、
「人命」を大量虐殺する兵器の出現で確実に、「核」の脅威にさらされ
る時代に入っている。人類が学ぶべき最高の教訓は、各国が「軍事力
による安全保障方式」を完全に放棄し、世界平和実現の英知と人類共
生の理念の下、あらゆる国際的な平和政策または制度を模索し、構築

することが必要である。

（上田勝美『平和憲法の確保と新生』北海道大学出版会、2008年5頁）

⑯　原子爆弾の出現によってもはや文明と戦争は両立できなくなった。
　文明が戦争を抹殺しなければ、やがては戦争が文明を抹殺してしまう。
　それならば文明の力で戦争を抹殺しよう。戦争を放棄し、陸海空一切
　の戦力を放棄しよう。それを世界に先駆けて実行しよう。ここから私
　たちが誇る、世界に誇る日本国憲法9条が生まれたのです。

（志位和夫『綱領教室第3巻』新日本出版社、2013年100頁）

⑰　一切の戦争、武力行使・威嚇を否定した上で、それを手段レベルに
　まで徹底して、武力の不保持と戦力行使を支える交戦権を否認すると
　いう選択を行ったのである。そこには、憲法9条と「広島・長崎の核
　ホロコースト」との間の「直接的連関」が存在したとみることができ
　よう。

（水島朝穂「安全保障の立憲的ダイナミズム」『立憲的ダイナミズム』岩波書店、
2014年所収4頁）

⑱　国家組織における広い意味での権力分立を維持することによる「自
　由」の確保の要請に加えて（国内平和）、最終兵器としての核兵器が
　存在する以上、戦力は中長期的には国際紛争の解決や安全保障のため
　の有効な手段とはならない、という安全保障政策としての選択とによ
　って根拠づけることによって、9条解釈論を維持することの方が、
　「安全」の供給につながるはずと、いい続けてきたのが戦後憲法学の
　歩みであり、戦後の統治力学のもとでは、護憲派の光栄ある使命であ
　った。

（石川健治「軍隊と憲法」同上129頁）

⑲　国連憲章と日本国憲法は多くの共通点があります。第2次世界大戦
　を踏まえ、戦争をなくそう、武力行使をなくそうとしていることです。
　一方で、平和実現の方法に違いがあります。国連憲章は最後の手段と

資料　**183**

して武力の行使を認めています。重要な違いの理由として、核兵器の存在、使用の経験の問題があります。大部分の連合国が原子爆弾を知らない段階で憲章の原案は作成され、採択したのも広島・長崎への投下前です。核戦争は想定していないということです。原爆の存在は人類の存続を脅かすという認識は武力を徹底的に否定する論理の基礎になったと思います

（松井芳郎「しんぶん赤旗」2016年8月15日付）

⑳　ヒロシマっていうのは、まさにホロコーストの場になってしまったわけですが、ホロコーストの犠牲を負ってしまったことの意味を紡いでいかなきゃいけない。犠牲になってしまったけれども、9条ができたというのは非常に大きな物語になっているわけで、このことを抜きにして憲法を作ることはできなかった。

（石川健治「憲法施行70周年、今、ヒロシマができること――なぜ、今の憲法を守る必要があるのか」と題する、2017年7月22日広島弁護士会での講演録）

㉑　原子爆弾の出現で、もはや文明と戦争は両立できなくなった。文明が戦争を放棄できなければ、やがては戦争が文明を抹殺してしまう。戦争を放棄し、陸海空軍一切の戦力を放棄しましょう。世界に先駆けて実行しようと9条が生まれたのです。

（笠井亮「前衛」2017年9月号27頁）

㉒　1945年6月に署名された国連憲章では、戦争を原則否定しましたが、その後に原爆が使われました。その惨状を知った日本が作ったのが9条2項です。侵略戦争は禁じるが自衛戦争は許すとの従来の考えをさらに進め、戦争の目的ではなく、戦争の手段である戦力を保持させないことによって一切の戦争を放棄することにしたのです。

（伊藤真『9条の挑戦』大月書店、2018年62頁）

㉓　核時代は、あらためて平和の重要性と現実性が強く認識される時代でもある。戦争放棄・戦力不保持・交戦権否認を規定した憲法9条は、

このような時代背景の下で誕生したのである。

（河上暁弘「いま「広島と憲法」を考える」『水島朝穂先生古稀記念論集　自由と平和の構想力』日本評論社、2023年所収232頁）

資料 4 核兵器禁止条約第2回締約国会合宣言
――核兵器の禁止を支持し、核兵器の破滅的な結末を回避する我らのコミットメント

1．我ら、核兵器禁止条約（TPNW）の締約国は、核兵器がもたらしている人類に対する実存的脅威に取り組み、その禁止と完全な廃絶へのコミットメントを支持するという揺るがない決意のもと、第2回締約国会合に集った。我らは、署名国とオブザーバー国およびその他のオブザーバー、市民社会の代表、科学コミュニティ、核兵器の使用および実験の被害者（survivors）による幅広い参加を歓迎する。

2．我らは2022年6月21日から23日までウィーンで開催された第1回締約国会合の成功を祝福するとともに、ウィーン行動計画を含む、同会合の宣言、成果および決定を歓迎する。

3．我らはウィーン行動計画の広範な行動において締約国がこれまで達成してきた進展を歓迎し、さらに、非公式作業部会の共同議長、ファシリテーター、フォーカル・ポイントの有能なスチュワードシップ〔任務遂行能力〕を認める。

4．第1回締約国会合以降、条約の普遍化に向けて進展も続いている。我らは、バハマ、バルバドス、ブルキナファソ、ジブチ、赤道ギニア、ハイチおよびシエラレオネによる署名、コンゴ民主共和国、ドミニカ共和国およびマラウイによる批准、そしてスリランカによる加入の意義を認識し、それらを温かく歓迎する。

5．条約は現在、93の署名国と69の締約国によって、強固なものとなっている。我らは、まだこの条約に署名および批准または加入していない全ての国に対して、遅延することなく、署名および批准または加入することを改めて求める。我らは、この条約の普遍化を最優先

事項の1つとして追求し続ける。

6．この条約が生まれた過程である核兵器の影響に関する証拠に基づいた政策立案が、核兵器の廃絶に関する全ての決定および行動の中心になければならない。科学諮問グループの設立とそこで進行中の活動は、これまで締約国の審議と決定に役立ってきた条約の履行に関連する最新の科学的・技術的知識と助言を考慮することを可能にすることで、この条約の効果的な実施を強化するものである。多国間条約において核軍縮を前進させるために創設された初の国際的な科学機関である科学諮問グループは、この条約に対する認識を強化し、その普遍化を推進するために、より広範な科学コミュニティとのネットワークを構築し、維持することにも役立つ。

7．核兵器禁止条約は、国際赤十字・赤新月社連盟や核兵器廃絶国際キャンペーン、その他の関連する国際および地域的組織、非政府組織、学術界、個人、宗教指導者、核兵器の被害者、核兵器の影響を受けているコミュニティーなど、幅広い利害関係者（stakeholders）に積極的に関与することで恩恵を受け続けている。我らは、この条約のジェンダー条項と、核軍縮における女性と男性の平等で完全かつ効果的な参加が不可欠であることを再確認する。

8．核のリスクは、軍事態勢とドクトリンにおいて核兵器を依然として重視し、その強調度をますます高めていること、核兵器の質的近代化と量的増加が進行していること、そして緊張が高まることによって、とりわけ悪化している。この危険な転換点で人類が世界的な核の破局に近づく兆候が示されるなか、我らは何もせず傍観していることはできない。

9．我らは、核兵器の壊滅的な人道上の結末に対する深い懸念を再確認する。それは適切に対処することができず、国境を越え、人間の生存と福祉に重大な影響をもたらし、生命に対する権利の尊重とは相

資料　187

容れえないものである。核兵器は壊滅的な破壊と言葉にできない苦しみおよび死をもたらす。核兵器の使用は、環境、社会経済的および持続可能な開発、グローバル経済、食料安全保障、核兵器の女性および少女への不均衡な影響を含む現在および将来世代の健康に対して長期にわたる損害を与えうる。

10. 核兵器の壊滅的な人道上の結末と核兵器に関するリスクは、核軍縮の道徳的および倫理的要請と、核兵器のない世界の達成および維持の緊急性の根拠となるものである。これらは、とりわけ、この条約の創設を促し、その実施を導いている原動力である。これらの考慮は、核兵器の人的コストと生命および環境を守る必要性を強調しながら、全ての軍縮政策の中心に据えられなければならない。

11. 過去の核兵器の使用および実験は、制御することが不可能な破壊力と無差別な性質によって引き起こされる受け入れがたい人道上および環境上の結末と現在も続く負の遺産の存在を明確に示している。したがって、我らは、TPNW の積極的義務を含め、核兵器の使用および実験による危害に対処することへの支持を再確認する。

12. 新たな科学的研究は、核兵器の壊滅的な人道上の結末とそれに関連するリスクの多面的かつ連鎖的な影響を強調している。この増大し、説得力のある科学的証拠は、その全体がまだ理解されていない影響に関する科学的な情報を含め、さらに広げられるべきであると同時に、この科学的証拠はすでに、国際的なレベルにおける緊急の政策的対応を必要とするものである。

13. 核兵器が存在し続けることと軍縮に有意義な進展がないことは、全ての国の安全を損ない、国際的な緊張を悪化させ、核の破局のリスクを高め、人類全体に実存的脅威をもたらしている。核兵器の使用に対抗する唯一の保証は、その完全な廃絶と、核兵器が再び開発されることはないという法的拘束力のある保証である。

14. 我らは引き続き、核兵器を使用するとの威嚇とますます声高になる核のレトリックとを深く憂慮し、断固として非難する。我らは、核兵器のいかなる使用も使用の威嚇も、国際連合憲章を含む国際法の違反であることを強調し、さらに核兵器のいかなる使用も国際人道法に反することを強調する。そのような威嚇は、軍縮・不拡散レジームおよび国際の平和と安全を損なうものでしかない。我らは、いかなるそして全ての核兵器による威嚇を、それが明示的であるか暗黙的であるかに関わらず、またどのような状況であるかに関わらず、明確に非難する。

15. 我らは、核兵器に関しては、核のレトリックを正常化しようとする試みといわゆる「責任ある」振る舞いという考えを拒否する。大量破壊をもたらすという威嚇は、人類全体の正当な安全保障上の利益に反するものである。これは危険で、誤った、受け入れられない安全保障へのアプローチである。核の威嚇は容認されるべきではない。

16. 我らは、核兵器の使用および核兵器の使用の威嚇は認められないという明確な認識が広がっていることを称賛する。しかし、G20のメンバーによって合意されたものなど、これらの宣言は、声明を超えて、有意義かつ目に見える行動に結びつくものでなければならない。

17. 平和と安全を実現するどころか、核兵器は、強制、脅し、緊張の激化につながる政策の道具として使われている。核抑止を正当な安全保障ドクトリンとして改めて提唱し、主張し、正当化しようとする試みは、国家安全保障における核兵器の価値に誤った評価を与え、危険なことに核兵器の水平的および垂直的拡散のリスクを高めている。

18. 我らは、軍事および安全保障上の概念やドクトリン、政策における核兵器の重要性が高まっていることを遺憾に思う。我らが前回集ったときよりも多くの国が、拡大核抑止による安心供与（extended

nuclear security assurances）や核配備の取り決めのもとにある。核軍縮・不拡散レジームを損なういかなる傾向も懸念される。我らは、非核武装国の領域における核兵器のいかなる配置も憂慮する。TPNW は、核兵器の移譲や管理の受領も、核兵器の配置や設置、配備を許可したりすることも明確に禁じている。我らは、そのような核の取り決めを持つ全ての国に対し、それらに終止符を打ち、この条約に参加するよう強く求める。

19. 軍事および安全保障上の概念、ドクトリン、政策において、核抑止が永続し実施されることは、不拡散を損ない、それに反しているだけではなく、核軍縮に向けた前進も妨害している。

20. これは安全保障上の問題だけではない。人間の基本的なニーズを満たすことが課題であり続ける世界で、核軍備の近代化と拡大に多大な資金を投じることは、軍縮、教育、外交、環境保護、健康および人間の真の幸福のための持続可能な開発への投資を犠牲にするものであり、弁解の余地はなく、逆効果である。

21. 最近発表された「平和のための新たなアジェンダ」で国連事務総長が示したように、核兵器が人類にもたらしている実存的脅威は、核兵器の全面的な廃絶を確実にする動機付けとならねばならない。我ら TPNW 締約国は、この呼びかけに耳を傾け、緊急かつ完全で、検証可能かつ不可逆的な核軍縮という高い優先事項を繰り返し表明する。

22. このますます厳しい国際的な安全保障の状況は、TPNW のきわめて高い重要性と妥当性をさらに強調するものである。我らは、核兵器を非正当化し、汚名を着せ（stigmatize）、全面的に廃絶するという不屈のコミットメントのもとで、これまで以上に決意を固めている。

23. 我らは、核軍縮・不拡散レジームの礎石である核兵器不拡散条約

（NPT）、包括的核実験禁止条約（CTBT）、非核兵器地帯諸条約など、他の補完的な条約を含め、軍縮・不拡散のアーキテクチャー〔基本設計〕全体を前進させ、強化するための我々の役割を担っている。

24. したがって我らは、NPT 再検討プロセスが、2 回連続して核軍縮の確実な進展を図るための必要な緊急措置について合意できなかったこと、あるいはこれまで合意された一連の措置の実施を確保できなかったことを懸念する。TPNW 第 1 回締約国会合以降、核兵器国のいずれも、NPT 第 6 条や自国の核兵器の廃絶を達成するという明確な約束に従った進展を遂げていない。むしろ、核軍備の強化、量的拡大の積極的な追求、さらには透明性の低下さえ見られる。これは紛れもなく、核軍備の廃絶に向けて真剣かつ誠実な交渉に取り組むという NPT 第 6 条における法的義務および NPT 再検討会議において合意され、繰り返し表明されてきた自国の核軍備の全面的廃絶を達成するという明確な約束を果たしていないことを意味する。

25. 我ら、TPNW 締約国は、NPT に完全にコミットしている締約国として、TPNW と NPT の補完性を再確認する。我らは、NPT の下での義務を履行し、そこでの責任と約束、合意を遵守し続ける。我らは、核兵器の包括的な法的禁止を発効させることによって、NPT 第 6 条の履行を前進させたことを喜ばしく思う。

26. さらに、我らはとりわけ、核兵器の壊滅的な人道上の結末に対する懸念に関する2010年 NPT 再検討会議の諸条項およびなかでも放射能汚染の影響を受けている地域の環境回復への取り組みに関する諸条項を推進し続ける。

27. 我らは、TPNW のいかなる規定も、無差別にかつ平和的目的のための原子力の研究、生産および利用を発展させることについての奪い得ない権利に影響を及ぼすものと解釈されてはならないことを改めて強調する。

資料　191

28. 各国が CTBT の署名および批准に向けた確固とした歩みを続けることが不可欠である。CTBT の発効に向けた進展を強化すべきであり、我らは、この目的のためのあらゆる努力を支持し続けるという約束を繰り返し表明する。我らは、附属書Ⅱに規定されている国々による遅延、前提条件またはその他の条件付けが、これを遠い目標にし続けていることを懸念する。我らは、CTBT に署名も批准もしていない全ての国、または署名しているが批准していない全ての国、特に、その批准が CTBT の発効に必要とされる国に対して、遅滞なく、署名しかつ批准することを強く求める。我らは全ての国に対し、核実験を禁止するグローバルな規範を支持し続け、核実験という恐ろしい負の遺産を歴史へと追いやるよう強く求める。

29. 非核兵器地帯による核軍縮、核不拡散および国際の平和と安全の強化への多大な貢献を認識し、我らは、非核兵器地帯諸条約の締約国のうち、まだ TPNW に参加していない国々に対し、これらの条約と TPNW の間における共有された基盤への認識に基づき、遅滞なく TPNW に参加するよう求め、相互に強化し合う協力を高めていくことを求める。また、我らは、既存の全ての非核兵器地帯を継続的に強化する重要性も認識する。

これには、特に、これら既存の条約と関連議定書の批准、非核兵器地帯を設置する条約の趣旨および目的と両立しない留保または解釈宣言の撤回および修正、そして中東を含め、現在、非核兵器地帯が存在しない地域にそれを創設することによる場合が含まれる。

30. 我らは、TPNW 締約国として、これら補完的諸文書の普遍化とこれらの全面的な実施における継続的な進展の重要性を強調し、その後退を防止する。TPNW への態度を保留する国や他の利害関係者との補完性をめぐる取り組みに関する開かれた対話を含め、全ての国との作業を継続する。

31. 我らは、先に参加した諸条約から生じる義務の履行を完了する場合であって、その義務が TPNW の義務と抵触しないときには、TPNW とその趣旨および目的（object and purpose）とに対するコミットメントが影響を受けることはないことを明確に確認する。我らは、この条約の目的および趣旨（purposes and objectives）を効果的に実施するために必要なあらゆる措置をとるものとし、この条約とその趣旨および目的に関する一貫性を確保するために、国際的および二国間での義務を見直し続けるだろう。我らは、全ての非締約国に対して、この条約の趣旨および目的の実施に悪影響を及ぼし得るいかなる活動も差し控えることを求める。

32. さらに、我らはまた、この条約の趣旨および目的を妨げ、あるいは損なうような新興技術の応用のありうる影響を含め、原子力分野における科学と技術の新しいかつ継続的に進化する発展に国際社会が対処しなければならないと考える。

33. 多様な利害関係者の有益な役割を認識し、我らは、包摂的なアプローチを通じて、国際機関や国会議員、市民社会、科学者、核兵器の影響を受けているコミュニティ、核兵器の被害者、金融機関、ユース〔若者〕と協働し続けていくという誓約を新たにする。

34. 信頼の欠如によって特徴づけられるグローバルな状況に鑑み、我らは、国際社会の全てのメンバーの間に信頼を醸成する必要性を再確認する。したがって、核兵器のない世界を達成し、維持するための協調的な行動において、全ての国々と協働的に取り組むという我らの意思は等しく明白である。

35. 我ら、TPNW 締約国は、核リスクの高まりと核抑止の危険な永続化を傍観者として見過ごすことはしない。我らは、この条約の普遍化と効果的な実施、そしてウィーン行動計画の実現に断固として尽力する。我らは、現在および将来の世代のため、核兵器のない世界

資料　193

を達成するために不断に取り組んでいく。我らは、いかなる状況においても、核兵器が再び使用され、実験され、あるいは使用すると威嚇されることが決してないよう確保することを約束し、改めて尽力する。そして、我らは、核兵器が完全に廃絶されるまで休むことはない。

（訳文：核兵器廃絶日本 NGO 連絡会 翻訳チーム）

資料	核兵器使用の危険性の事例
5	

1　意図的な使用の威嚇とエピソード

＊「広島と長崎以降、核兵器は使われたことはない」という決まり文句とは裏腹に、米国の大統領は「危機」が起きた時にこれまで十数回、米国の一般市民には秘密裏に（ただし敵には隠さずに）核兵器を使ってきた。銃が誰かに向けられたときに使われるのと同じやり方で核兵器を使ってきた。引き金を引かずに自分の思い通りにすることこそ、銃を保有する主目的に他ならない。（ダニエル・エルズバーグ著　宮前ゆかり／新井雅子訳『世界滅亡マシン　核戦争計画者の告白』岩波書店、2020年10頁）

＊年表は、ジョセフ・ガーソン著原水爆禁止日本協議会訳『帝国と核兵器』（新日本出版社、2007年84頁〜87頁）より。

1946　トルーマンがイラン北部に関してソ連を威嚇

1946　ユーゴスラビア上空での米機撃墜の後、トルーマンが戦略空軍爆撃機を送ってユーゴスラビアを威嚇

1948　ベルリン封鎖に対してトルーマンがソ連を威嚇

1950　米海兵隊が朝鮮の長津湖で包囲されたとき、トルーマンが中国を威嚇

1951　相当数の新たな中国軍部隊が戦争に加わった場合、旧満州地域を核兵器で攻撃することを求めた軍の要請をトルーマンが承認

1953	朝鮮戦争をアメリカが受け容れうる条件で終結させるためアイゼンハワーが中国を脅迫
1954	ベトナムのディエンビエンフーで包囲を破るため、アイゼンハワー政権のダレス国務長官がフランスに三発の戦術兵器の提供を申し入れ。ニクソンは国民にこのことをほのめかして暗に支持した
1954	CIA が指揮したグアテマラのクーデターを支援するため、アイゼンハワーが核武装した戦略空軍爆撃機を派遣
1956	英仏のエジプト侵攻に対して、ソ連のブルガーニン首相が両国に撤退を要求し、核攻撃で脅迫
1956	アイゼンハワー、英仏にエジプトからの撤退を要求する一方で、ソ連に脅迫をもって対抗
1958	アイゼンハワー、革命がクウェートにまで及ぶのを阻止するため、必要ならイラクに対して核兵器の使用を準備するよう統合参謀本部に指示
1958	アイゼンハワー、中国が金門島に侵攻した場合、核兵器使用準備にはいるよう統合参謀本部に指示
1961	ケネディ、ベルリン危機でソ連を脅迫
1962	キューバ・ミサイル危機
1967	ジョンソン、中東戦争でソ連を脅迫
1967	ジョンソン、ケサン包囲を破るため、核攻撃で威嚇
1969	ブレジネフ、国境戦争で中国を脅迫
1969	ニクソン、ベトナムに対して「11月最後通牒」を発す
1970	ニクソン、ヨルダンの「黒い九月」戦争で、アメリカに核戦争を戦う用意があるとの合図を送る
1973	イスラエル政府「十月戦争」の際、核兵器使用の脅迫
1973	ニクソン、チュー・ベトナム大統領に、北ベトナムがパリ平和協定の条項を侵害した場合、核攻撃かあるいは堤防への爆撃で応え

る旨を約束

1975　シュレジンジャー国防長官、アメリカがベトナムで敗北した後、北朝鮮が韓国を攻撃した場合、核の報復で応じると北朝鮮を脅迫

1980　カーター・ドクトリンの発表

1981　レーガン、カーター・ドクトリンを確認

1982　マーガレット・サッチャー英首相、フォークランド戦争の際、ブエノスアイレスを消滅させると脅迫

1990　パキスタン、カシミールでの衝突の際、インドを威嚇

1990-91　ブッシュ、「湾岸戦争」の際、イラクを威嚇

1993　クリントン、北朝鮮を威嚇

1994　クリントン、北朝鮮と対決

1996　中国、台湾をめぐる衝突でロサンゼルス攻撃の脅迫

1996　クリントン、中国の脅迫に対して二隻の核空母艦隊を台湾海峡へ派遣し、中国政府に恐怖のメッセージを送る

1996　クリントン、地下化学兵器製造工場の完成を阻止するため、リビアに核攻撃の脅迫

1998　クリントン、核攻撃でイラクを脅迫

1999　インドとパキスタン、カーギル戦争で相互に核脅迫をおこない、核攻撃を準備

2001　米軍、9.11テロ攻撃の直後、米軍をデフコン（防空準備態勢）警戒におく

2001　ラムズフェルド国防長官、オサマ・ビンラディンが隠れている可能性のあるアフガニスタンの地下壕に対し、戦術核の使用を除外することを拒否

2002　ブッシュ、イラクによる化学・生物学兵器の使用に対して核攻撃で反撃することを暗示した脅迫を伝える

2002　カシミールでの自爆テロを受けたインドの軍事的脅威に対抗して、

パキスタンがインドを威嚇

2003　アメリカ、北朝鮮に対して動員と暗黙の核脅迫

2006　フランスのシラク大統領、フランスに対しテロを行う国に対して先制核攻撃の脅迫

2006　アメリカが、イランの施設を「バンカーバスター」核で爆撃することを暗に脅迫

＊エピソード

① **1950年　朝鮮戦争**

ダグラス・マッカーサーは「30発から50発の原爆を満州の頚状部に投下すれば、10日以内に勝利できる。そうすれば、少なくとも60年間は北から朝鮮を侵攻する余地はなくなる。」としていた。ペンタゴンとトルーマン大統領は前向きに応じ、核兵器を朝鮮の射程内に、沖縄の嘉手納空軍基地に集めるよう命じた。

（前掲「帝国と核兵器」第3章戦後アジア──朝鮮と中国を標的として）

② **1954年　ベトナム・ディエンビエンフー**

アメリカのディエンビエンフー軍事作戦計画は、…その中心に戦術核兵器使用計画があったのです。二隻の空母が配備されていました。核攻撃を行った場合に、アメリカへの国際的非難が広がることをおそれて、核爆撃に飛び立つ米艦載機の国籍標識を消すことまで検討されていました。

（新原昭治著『密約の戦後史』創元社、2021年118頁）

③ **1954年から55年、58年**

どちらの危機でも…大統領は核兵器使用を検討する機会があった。…巡行ミサイル用核弾頭が台湾と韓国の烏山の両方に到着していた。

（前掲『世界滅亡マシン　核戦争計画者の告白』53頁）

④　1954年から55年、58年

　二度にわたる台湾海峡紛争で米国は核兵器使用計画を立てた。その際、日本は核戦争基地として位置づけられた。

（前掲『密約の戦後史』75頁）

⑤　1954年から55年当時

　アイゼンハワーの国家安全保障担当補佐官ディロン・アンダーソンは当初、ホワイトハウスで支配的だった空気と関わり方をその後こう描写している。「わが国の政策は適切な場面でいつでもそれ〔核兵器〕を使うというものだった」。核兵器使用かそれとも「7億の中国人を擁する中国本土に米軍を上陸させるか」という選択肢に直面したが、「後者ではありえなかった。なんということだ、われわれが戦闘地帯で奴らを殺すよりも速く、奴らは内陸部で繁殖することができるのだ。」

（前掲『帝国と核兵器』）

⑥　1962年　キューバ

　米国戦略空軍司令官トーマス・パワー将軍は、ケネディ大統領（当時）の指示がないのに戦闘即応体制を引き上げ、「戦争が終わった時、アメリカ人が二人、ロシア人が一人だったら、わが方の勝ちだ」と言っていた。

（ロドリク・ブレースウェード『ハルマゲドン　人類と核　上』白水社、2020年195頁）

⑦　1968年　ベトナム・ケサン

　現地司令官ウェスト・モーランドは、「ベトナムで数個の小型核兵器を使うことが―もし使うという脅しをかけることでさえ―戦争をすみやかに終わらせるということは、ありうることだ。」としていた。

（前掲『密約の戦後史』122頁）

資料　　199

2 誤報

　以下は、ウィリアム・ペリー、トム・コリーナ著、田井中雅人訳『核のボタン』朝日新聞出版社、2020年92頁〜99頁）からの抜粋である。

① **1995年1月**

　ロシア軍が、ロシアに向かってくる未確認のミサイルをノルウェー上空に発見。ロシアの核ブリーフケースが作動。ミサイルはノルウェーの研究ロケットだった。ノルウェーはソ連に発射を通告したが、情報がしかるべきところに届いていなかった。北極のオーロラを観測する無害の科学実験が予期せぬ結果になった。

② **1983年9月26日**

　ソ連の早期警戒衛星は米国から5発の核ミサイルが発射されたと示した。雲の先端で反射した日光に衛星が騙されたものだった。本来なら、即反撃の状況だったが、当直の将校は、これは誤作動に違いないと判断して、反撃は行わず、核戦争はすんでのところで回避された。

③ **同年11月7日**

　NATOは、米軍による核攻撃訓練を含む図上演習を開始。ソ連はこれをリアルな戦争準備と誤解して、東ドイツとポーランドの空軍に警戒態勢（核攻撃の準備）をとらせた。四日後に演習は終了。「キューバ危機」以来、米ソが最も核戦争に近づいた瞬間。

④ **1980年6月3日**

　国家安全保障大統領補佐官ブレジンスキーがカーター大統領にまで本当の攻撃だと報告を上げかけたが、ギリギリのところで、幸運にも誤警報と発覚した。ソ連の潜水艦が220発のミサイルを米国に向けて発射との情報。確認を求めたら、2200発とのこと。ブレジンスキーは妻を起こさなかった。米国は全滅するだろうから。3度目に連絡は、誤報とのこと。コンピューターのチップの欠陥が原因。

⑤　1979年11月9日

　早期警戒システムが赤色点灯。ソ連の大規模な奇襲攻撃の様相。原因
が人的ミスかコンピューターのミスか両方か決められない。

⑥　1960年

　グリーンランドのチューレ空軍基地　弾道ミサイル早期警戒システム
が運用された。北米航空宇宙防衛司令部のコンピューターが米国が攻
撃されているとの警報発令。月に反射したレーダー信号が誤警報の原
因。

3　コンピューターの誤作動（前掲『核のボタン』109頁）

＊2010年。コンピューターへの不具合で、50基の ICBM との連絡が途絶
えた。約1時間にわたってミサイルが承認なしで発射されるのを防げな
くなり、核事故のリスクが高まった。大統領が命令しても発射できなか
ったし、敵が発射しようとしても妨害できなかっただろう。兵器システ
ムは人間によって操作される。いかなるシステムであれ、これがサイバ
ー安全保障上の最大の弱点。間違わない人間はいないし、壊れない機械
はない。

資料　201

本書に寄せて

村山志穂

　本書のテーマは原爆裁判ですが、著者の大久保賢一先生がその意義を
以前から訴えてきた裁判が、現在世間でも注目を浴びていることに、同
じ法律事務所で勤務し、そばで活動を拝見してきた私としても嬉しく思
っております。
　NHKの朝ドラ「虎に翼」で数日に渡って原爆裁判が扱われた際は、
大久保法律事務所で裁判資料を保管していることもあり、事務所内でも
みな感激していました。特にドラマ内で実際の判決文が読み上げられた
シーンは私も感動しました。「原爆投下は国際法に違反する」とはっき
りと明言し、しかも、結論としては原告の損害賠償請求権は認めなかっ
たものの、被爆者の救済策を講じない「政治の貧困を嘆かずにはおられ
ない」と判決で述べたのです。単に請求棄却と判断するのではなく、何
とかして被爆者を救済できないかと苦悩した裁判官の姿が判決文からも
伝わってきました。

　本書では、原爆裁判の判決内容や、その背景事情についても、詳しく
解説されています。判決で「原爆投下は国際法に違反する」と判断する
に至った判断過程についても、3名の国際法学者の鑑定意見を踏まえて、
緻密な判断がなされていることを、本書で詳しく知ることが出来ました。
原爆が投下されて戦後十数年しか経っていない1963年に、このような緻
密な考察により国際法違反を判断した裁判所の誠意ある姿に感動を覚え
ました。その判断枠組みが、1996年の国際司法裁判所の勧告的意見や、
2017年採択された核兵器禁止条約へと継承されていると考えると感慨深

いです。

　また、その原爆裁判を1955年に岡本尚一弁護士と松井康浩弁護士の2人で担当し提訴したこと、その3年後に岡本弁護士が亡くなり、その後判決までの5年間は当時まだ若手であった松井弁護士が一人で裁判を担当し続けたことを知り、率直に驚きました。このような松井弁護士らの孤独で地道な裁判活動と、それに当時の裁判所が呼応して「原爆投下は国際法に違反する」と勇気ある判断を下したこと、その様子が、本書で原爆裁判の内容をよく知ることで、ありありと伝わってきました。本書で引用されている「弁護士らしいやり方」という表現がとても印象的でした。弁護士法では弁護士の使命とは「基本的人権を擁護し、社会正義を実現すること」と規定されていますが、それを実践して地道な訴訟活動をすることは並大抵のことではないと思います。しかも、戦勝国の原爆投下の責任を問う大裁判です。アメリカの人権派の弁護士にも止められたとありました。そんな逆境の中、被爆者救済と核兵器廃絶という崇高な目的をもって地道な裁判を続けた松井弁護士らの姿や、それに当時の裁判所が応えようと苦悩した姿、それ自体が、何か私たちの背中を押してくれているような、勇気を与えてくれているような気がしてなりませんでした。

　その根底には、当時被爆の実相を目の当たりにし、目の前の被爆者の声をなきものに出来ないという悲痛な思いがあったのだと思います。

　さらに、本書では、憲法9条の誕生と原爆投下の関係についても詳しく解説されています。当時の為政者である幣原喜重郎が、原爆投下の甚大な被害を目の当たりにしたことで、戦争を放棄し武器を捨てる他に道はないとの憲法9条の英知に至った経過を、その証言記録等により深く知ることができました。私にとっては、その多くが本書で初めて知る歴史的証言記録でした。そのような幣原喜重郎の憲法9条の平和論に至る

204　本書に寄せて

考察は、現代の自民党改憲草案からは想像もつかないような崇高な理念であり、まさに武力による支配から法の支配への転換という人類の英知の結晶であると思いました。

　人類史上最大の暴力であり人権侵害である原爆の被害を目の当たりにした先人達が、どのようにその恐ろしい兵器に対抗し、「法の支配」を実現しようとしたのか。それは、原爆裁判も、憲法９条の誕生も通底するものであると思いますが、その歴史的な軌跡を本書で知ることができました。
　それらの軌跡は、現代のますます混沌とした世界情勢の中で、私たちの拠り所となり進むべき道を照らしてくれていると感じました。

　ところで、つい先日、日本被団協がノーベル平和賞を受賞したという大変喜ばしいニュースがありました。日本被団協は、原爆裁判が提訴された翌年の1956年に結成されたそうです。「人類と核は共存できない」として、核も戦争もない世界を求めてきた被爆者の長年の活動を称え、その声に今こそ耳を傾けるべきと考える人々がノーベル賞委員会をはじめ世界に多くいることを実感しました。原爆裁判と共に、長い年月を経て、その活動が評価されていることに、一筋の希望を感じます。この場を借りて、活動に携わられた全ての方々に最大の賛辞をお送りしたいと思います。

2024年11月

あとがきに代えて

　日本原水爆被害者団体協議会（日本被団協）がノーベル平和賞を受賞した。日本被団協の活動を身近で見てきた私としても、本当にうれしい。地獄の体験をした被爆者が「人類と核は共存できない」、「被爆者は私たちを最後に」と世界に訴え、核兵器が三度使用されることを防いできたことを思えば、この受賞はむしろ遅かったくらいだとも思う。けれども、まだ、核兵器はなくなっていないし、戦争被害者救済は道半ばである。だから、この受賞が「核兵器も戦争もない世界」を実現する上で大いに力を発揮して欲しいと思う。そして、私も最大限の活用をしたいと決意している。

　ところで、核問題は核兵器だけに限定されるものではない。核の「平和利用」といわれる原発を含む核技術も課題の一つだ。けれどもそれは本書のテーマではない。そこで、ここでは、「原爆裁判」に触れながら、少しだけ「核も戦争もない世界」を展望してみたい。これは本書のまとめでもあり、更なる課題の提起でもある。だから、「あとがきに代えて」なのだ。

「原爆裁判」が提起したこと

　「原爆裁判」は被爆者救済と核兵器禁止を求める裁判だった。戦争被害者救済と核兵器廃絶の「事始め」であり「政策形成訴訟」の先駆けだったのだ。それはまた、核兵器という「最終兵器」に対して法という「理性」が挑戦するということでもあった。そして、それは空前絶後の裁判となるであろう。なぜなら、次に核兵器が使用されれば、人類社会は壊滅しているかもしれないので、誰も裁判など起こせないからだ。

207

核兵器使用禁止は「公理」なのに

核兵器使用が何をもたらすか、それは多くの人が知っている。被爆者たちが命を削って証言してきてくれたおかげだ。「原爆裁判」を提起した岡本尚一弁護士は、この提訴は、被害者が損害賠償を受けるだけではなく、原爆使用は禁止されるべき「天地の公理」であることを印象づけるためとしていた。核兵器不拡散条約（NPT）は「核戦争は全人類に惨害をもたらす。」としているし、核兵器禁止条約は「核兵器のいかなる使用も壊滅的人道上の結末をもたらす。」としている。核五大国の首脳も「核戦争を戦ってはならない。核戦争に勝者はない。」としている。ノーベル賞委員会は「核のタブー」という言葉を使っている。核兵器使用禁止は「公理」なのだ。

核兵器の特質

「原爆裁判」判決は、核兵器の特質について、爆風や高温に加えて「最も特異な効果は初期放射線と残留放射能である。放射線は、…人体にあたるとその細胞を破壊し、放射線障害を生ぜしめ、原子病（原爆症）を発生させる。爆弾の残片から放射される残留放射線は微粒となって大気中に広く広がり、…人体に同様の影響を及ぼす。」としている。そして、原爆は「その破壊力、殺傷力において従来のあらゆる兵器と異なる特質を有するものであり、まさに残虐な兵器である。」としている。裁判官たちは、被爆者の証言を直接聞く機会はなかったけれど、核兵器の特質をこのように理解していたのである。

核兵器の最も特異な効果

判決は放射能による人体の細胞に対する影響を「最も特異な効果」としている。この認定は核兵器の特性を的確に捉えているようである。例えば、核化学者であり反核の市民活動家であった高木仁三郎氏（1938年

～2000年）は次のように言っている。「核技術は生物にはまったくなじみのないものである。生物世界は原子核の安定の上に成り立っているが、核技術は原子核の崩壊—いわばその不安定の上に成り立っている。」（「核エネルギーの解放と制御」、『高木仁三郎セレクション』岩波現代文庫所収）。

　要するに、核技術はヒトという生物体と相容れないということなのだ。核分裂エネルギーを原爆という兵器で「軍事利用」しようが、湯沸し器（原発は核分裂エネルギーで水を沸かし蒸気の力で電気をつくる装置）という「平和利用」であろうが、それは同じことなのだ。福島の原発事故をみればそのことは明らかであろう。そうすると、私たちは、核兵器廃絶にとどまらず、原発のような核技術もその視野に入れなければならないことになる。

ダモクレスの剣

　「ダモクレスの剣」とは王位をうらやむ廷臣が王座に座らされ、頭上に毛髪一本でつるされた剣に気が付くという故事である。

　私は、この「ダモクレスの剣」の話を、2011年6月19日（3・11大震災の直後）、ポーランドで開催された国際反核法律家協会の総会で、ウィラマントリー元国際司法裁判所副所長から聞いた。氏は「核兵器と核エネルギーはダモクレスの剣の二つの刃である。核兵器の研究と改良によって鋭利な方はいっそう危険なものになり、鈍いほうの刃は原子炉の拡散によって危険なレベルまで研磨されつつある。剣をつるす脅威の糸は、少しずつ切り刻まれつつある。…ダモクレスの剣は日々危険なものになりつつある。」という話である（『反核法律家』71号、2011年10月）。

　私たちは、核兵器と原発という二つの剣の下で生活していることを忘れてはならない。

私たちの課題

　石破茂首相は、日本被団協のノーベル平和賞受賞について「極めて意義深い」と言っている。けれども、彼は「核共有」を口にし、「核の潜在的抑止力を持ち続けるためにも、原発を止めるべきではない。」としている人である。加えて、アジア版NATOをつくることや憲法9条2項を削除して「国防軍」の創立も主張している。彼は核兵器も原発も必要としている人なのである。

　結局、私たちは、核兵器と原発という二本の剣の下での生活を強いられているのだ。その剣は、意図的にも、事故によっても、落ちてくる。あの時、米国は原爆を意図的に投下した。原発事故は、10年以上過ぎた現在でも、故郷に戻れない人を生み出している。核兵器使用の危険性はかつてなく高まっているし、原発回帰は既定路線とされつつある。核技術がもたらす危機は「有事」だけではなく「平時」にも潜んでいるのだ。

　この危険は客観的に存在する否定しがたい現実である。それを解消するためには、その危険を認識し、主体的に努力する以外の方策はない。生物体である私たちは核分裂エネルギーと対抗できない存在であることを忘れてはならない。その危険の解消に失敗するとき、人類は人類が作ったものによって、滅びの時を迎えることになる。

　「虎に翼」の「原爆裁判」や日本被団協のノーベル平和賞受賞は、そのことに思いを馳せるいい機会になっている。私は、これらの出来事を「核も戦争もない世界」を創るエネルギー源にしたいと思っている。

　本書の企画は「虎に翼」の「原爆裁判」に誘発されたものだった。「原爆裁判」関連で、新聞掲載やテレビ出演などもあったので、「原爆裁判」についてまとめておきたいと考えたのだ。

　ところが、執筆の最終盤で日本被団協のノーベル平和賞受賞のビッグニュースが飛び込んできた。私は、それなりに被爆者運動と伴走してき

たつもりだし、現在も、反核・平和活動家だと思っている。だから、日本被団協の平和賞受賞は「自分のこと」のようにうれしい。その喜びの中で、本書は書かれている。田中熙巳さんにすいせん文をお願いしたのもそういう理由である。

　本書の出版にあたって、いつものことながら日本反核法律家協会のスタッフ田中恭子さんに大変お世話になった。今年は、反核法律家協会創立30年ということもあり、その記念イベントと出版が時期的に重なることもあって、大変負担をかけてしまった。心から感謝している。

　村山志穂弁護士には、また、一文を寄せてもらっている。毎日一緒に仕事をしている彼女がどのような感想を持っているのかを知ることは私にとって重要なことなのでお願いしているのだ。これまでも、彼女の書いたものを読んでいる人もいるので、欠かせないのだ。

　長女史恵は資料整理などを手伝ってくれた。40数年まえ、処女作『憲法ルネサンス』（イクォリティ、1988年）の時以来のことだ。うれしかった。

　妻恵子は、読書家だけれど、私の本はどこまで熱心に読んでいるかどうかはわからない。けれども、私が何を考えているかはよく理解してくれているようだ。

　事務所の逸見有紀さんは、連休明けの10月15日の朝、私の出勤を待ち構えていたかのように「日本被団協のノーベル賞受賞良かったですね！」とニコニコと話しかけてくれた。もちろん私も「本当にね！」とニコニコして返事をした。

　今回も、日本評論社の串崎浩さんと武田彩さんにお世話になった。採算が取れているのかどうかはわからないけれど、負担はかけないようしているつもりではいる。

　なお、表紙の絵は画家木村巴さんの「人間の住む星」という作品である。

2024年10月

大久保　賢一（おおくぼ・けんいち）

［略歴］
1947年　長野市に生まれる。
1965年　東北大学入学。
1971年　法務省入省。
1979年　弁護士登録（埼玉弁護士会所属）。

［現職］
日本弁護士連合会憲法問題対策本部核兵器廃絶部会部会長、日本反核法律家協会会長、自由法曹団核兵器・原発問題委員会委員長、NPO法人ノーモア・ヒバクシャ記憶遺産を継承する会副理事長、核兵器廃絶日本NGO連絡会共同代表、非核の政府を求める会常任世話人など。

［著書］
『憲法ルネサンス』（イクオリティ）、『体験 日本国憲法』、『日本国憲法からの手紙』、『護憲論入門』、『「核の時代」と戦争を終わらせるために「人影の石」を恐れる父から娘への伝言』、『「核兵器も戦争もない世界」を創る提案──「核の時代」を生きるあなたへ』（以上学習の友社）、『いま、どうしても伝えておきたいこと』（肥田舜太郎医師との共著）、『「核の時代」と憲法９条』『「核兵器廃絶」と憲法９条』（以上日本評論社）、『迫りくる核戦争の危機と私たち「絶滅危惧種」からの脱出のために』（あけび書房）など。

「原爆裁判」を現代に活かす──核兵器も戦争もない世界を創るために

●──2024年12月10日　第1版第1刷発行

著　者──大久保賢一
編集者──串崎　浩
発行者──日本評論社サービスセンター　株式会社
発売所──株式会社　日本評論社
　　　　　〒170-8474 東京都豊島区南大塚3-12-4
　　　　　電話03-3987-8621　https://www.nippyo.co.jp
印　刷──精文堂印刷株式会社
製　本──株式会社松岳社
装　幀──百駱駝工房
カバー画─木村　巴

検印省略　©2024 K. Ohkubo

Printed in Japan
ISBN 978-4-535-52840-6

JCOPY 〈（社）出版者著作権管理機構　委託出版物〉
本書の無断複写は著作権法上での例外を除き禁じられています。複写される場合は、そのつど事前に、（社）出版者著作権管理機構（電話03-5244-5088、FAX 03-5244-5089、e-mail: info@jcopy.or.jp）の許諾を得てください。また、本書を代行業者等の第三者に依頼してスキャニング等の行為によりデジタル化することは、個人の家庭内の利用であっても、一切認められておりません。